मुमताज़ महल

मुमताज़ महल

सुरेश कुमार वर्मा

वाणी प्रकाशन

वाणी प्रकाशन

'लोगो' वाणी प्रकाशन : मक़बूल फ़िदा हुसेन

वाणी प्रकाशन, 4695, 21-ए, दरियागंज, नयी दिल्ली-110002

वाणी प्रकाशन, अशोक राजपथ (पटना कॉलेज के सामने), पटना (बिहार)

MUMTAZ MAHAL

by Suresh Kumar Verma

Historical Novel

ISBN : 978-93-5000-517-0

प्रथम संस्करण

मूल्य : 495/-

वाणी प्रकाशन

फोन : 0091#11#23273167, फोन व फैक्स 23275710

वेबसाइट : www.vaniprakashan.in

ई-मेल : vaniprakashan@gmail.com

जी.एस. ऑफसेट द्वारा दिल्ली-110032 में मुद्रित

हिन्दी उर्दू एकता

को

समर्पित

प्राक्कथन

इतिहास मौटे तौर पर उन चरित्रों, घटनाओं और प्रसंगों का विवरण देता है, जो किसी देश और समाज के निर्माण या परिवर्तन में महती भूमिका अदा करते हैं। मुग़ल सम्राट शाहजहाँ की तो वह विस्तार से चर्चा करता है, किन्तु उसकी बेगम मुमताज़ महल का परिचय देते समय वह बहुत कृपण हो जाता है। 'ताजमहल' न होता, तो शायद लोग उसे जानते भी नहीं। मुमताज़ महल तो उसकी उपाधि थी। असल नाम था अर्जुमंद बानो। वह तो परदे के पीछे रहने वाली गृहस्थ स्त्री थी। सीधी-सादी, भोली और नेकदिल। स्वभाव से सुखी और सहज। अपने पति और बच्चों के संसार में ही ख़ुश और सन्तुष्ट। परदे के पीछे छिपे ऐसे किसी किरदार से भला इतिहास को क्या दिलचस्पी हो सकती है!

उसे तो नूरजहाँ जैसा कोई चकमक चरित्र ही भाता है, जो रहती भले ही परदे के पीछे थी, लेकिन शासन-सूत्र सँभालने के लिए जिसके हाथ परदे से बाहर आ जाते थे और जिसके इशारे मुग़ल सम्राट् जहाँगीर को भी समझने होते थे। उसके सामने मुमताज़ महल की भला क्या बिसात! वह तो यह 'ताजमहल' ही था, जिसके सहारे उसको पहचान मिली। अब जो भी ताजमहल को देखते हैं, वे शाहजहाँ के प्रेम के आलम्बन के रूप में उसकी पहचान करते हैं।

अफ़सोस कि उसकी यह गाथा भी इतिहास के पन्नों में चंद सतरों में ही कह दी गई है। यह कि वह अनिंद्य सुन्दरी थी। अभी उसने पूर्ण यौवन की देहलीज पर क़दम ही रखा था कि उसका विवाह शाहज़ादा ख़ुर्रम से हो गया। वह आदर्श सहधर्मिणी थी। पिता सम्राट् जहाँगीर से विद्रोह करके जब शाहज़ादा ख़ुर्रम यहाँ-वहाँ भागा-भागा फिर रहा था, तब वह छाया की भाँति उसके साथ रही। ज़िन्दगी के इस कठिन दौर में भी वह अविचलित रहकर परिवार की जिम्मेदारियों का भलीभाँति निर्वाह करती रही। शाहजहाँ के राज्यारोहण के उपरान्त भी उसने सहज, निःस्वार्थ और परोपकारी जीवन व्यतीत किया। उसे ज़िन्दगी भर अपने पति का भरपूर प्यार मिला। अपनी चौदहवीं सन्तान को जन्म देते समय बुरहानपुर में उसकी मृत्यु हुई और वहीं उसको दफ़नाया गया। बाद में उसके शव को आगरा में यमुना के किनारे पुनः

दफ़नाया गया, जिसके ऊपर स्थापत्य कला का वह अद्‌भुत नमूना निर्मित हुआ, जिसे दुनिया ताजमहल के नाम से जानती है।

उपर्युक्त ऐतिहासिक विवरण को केन्द्र बनाकर ही इस उपन्यास में मुमताज़ महल के चरित्र का ताना-बाना बुना गया है। जिस नारी की स्मृति को युगयुगान्तर तक जीवित रखने के लिए विराट् स्मारक बनवाया गया था, उसका चरित्रांकन विस्तार की अपेक्षा रखता था। उसके उन गुणों की पहचान भी की जानी चाहिये, जिन्हें अंगभूत कर उसका व्यक्तित्व इतना भव्य और भासमान हो गया था कि उसके निदर्शन के लिए सम्राट् शाहजहाँ को ताजमहल का निर्माण करवाना पड़ा। ताजमहल हर किसी के लिए नहीं बनता। वह उसके लिए बनवाया जाता है, जो उसे डिज़र्व करता है। मुमताज़ महल ताजमहल को डिज़र्व करती थी। इसलिए भी ज़रूरी था कि कथासाहित्य के व्यापक फलक पर उसके बहुआयामी व्यक्तित्व को उसकी सम्पूर्ण चित्ताकर्षक भंगिमाओं के साथ अंकित किया जाय।

सरसबद—फूलों की टोकरी में रखा सबसे सुन्दर फूल। मुमताज़ के शतदली सौन्दर्य के लिए शायद यह एक मुनासिब उपमा हो सकती है। यह उसके व्यक्तित्व का एक अंग हो सकता है, किन्तु यही सब कुछ नहीं है। मुग़लों के जिस महलसरा में शबाब और शराब का दरिया सतत बह रहा हो, वहाँ किसी नारी के सिर्फ़ देह का आकर्षण कितने दिनों तक काम दे सकता था! मुमताज़ में और भी अनेक असाधारण गुण थे, जिनसे उसने शाहजहाँ को बाँध रखा था। उसमें असाधारण प्रतिभा थी, तीव्र मेधा थी, प्रत्युत्पन्नमतित्व था, सेवा और समर्पण की भावना थी और इन सबसे ऊपर एक ऐसी मानवीय संवेदना थी, जिसके कारण वह हर किसी को सहज और आत्मीय लगती थी। संकटों और विपत्तियों में, बाधाओं और कठिनाइयों में वह पति का निरन्तर साथ देती रही। यहाँ तक कि उसकी रक्षा के लिए उसने अपने तीन शाहज़ादों को क़ुर्बान करने का जोखिम भी उठाया। उसने अपनी सेवा, समर्पण और उत्सर्गमूलक सहचार से यह प्रमाणित कर दिया कि पति के लिए पत्नी से बढ़कर कोई औषधि नहीं है। यही कारण है कि उन्नीस वर्षों के दाम्पत्य काल में उसने पति शाहजहाँ को सतत अपने से बाँध कर रखा। ताजमहल वस्तुतः मुमताज़ महल के उदात्त और लोकोत्तर दाम्पत्य प्रेम का चरम बिंदु है। प्रस्तुत उपन्यास में इस दाम्पत्य-गाथा का उसके सम्पूर्ण रंगों के साथ प्रबन्धात्मक निरूपण है।

यह एक ऐतिहासिक कृति है। इसमें सर्वत्र ऐतिहासिक तथ्यों की रक्षा और उनका निर्वाह किया गया है। मुमताज़ महल से सम्बन्धित विषय-सामग्री की न्यूनता के कारण कल्पना का आश्रय भी लेना पड़ा है, किन्तु जहाँ कहीं कल्पना का प्रवाह रहा है, वहाँ ऐतिहासिक चेतना अन्तर्धारा के रूप में अवश्य विद्यमान रही है। वास्तव में मुग़लकालीन इतिहासकार सम्राट् शाहजहाँ का इतिहास लिख रहे थे और उसे ही सारी घटनाओं का केन्द्र मानते थे, इसलिए मुमताज़ महल के चरित्र का गौण हो जाना

स्वाभाविक ही था। शाहजहाँ के संघर्ष में, उसके उत्थान-काल में, मुमताज़ महल मुख्य प्रेरणा रही, इस ओर उनका ध्यान कम गया। और जब इतिहास किसी महत् चरित्र को अपेक्षित महत्त्व देने से चूक जाता है, तो उस चूक को पूरा करने के लिए साहित्य को आगे आना ही पड़ता है। प्रस्तुत रचना का यही मुख्य प्रदेय है।

जब तक समय के सीने पर पैर जमाकर ताजमहल खड़ा है, ज़नेमाने की याद में मुमताज़ महल जीवित रहेगी। लोग आज भले ही इसे शाहजहाँ के उत्कट प्रेम की निशानी माने, लेकिन एकदिन ज़रूर यह भी मानेंगे कि शाहजहाँ का यह प्रेम उसकी तपःपूत पत्नी मुमताज़ महल के जीवन-मूल्यों का प्रतिदान है। तब उन्हें ताजमहल की शुभ्र झिलमिलाहट में मुमताज़ महल की छवि भी दिखाई देगी।

इस उपन्यास की सामग्री के संयोजन में मुग़लकालीन इतिहास के सुप्रसिद्ध इतिहासविद् डा0 सुरेश मिश्र ने बहुत सहयोग दिया। उन्होंने इतिवृत्त के तथ्यों और प्रसंगों को सत्यापित कर रचना को प्रामाणिक बनाने में मदद की तथा ऐतिहासिक परिप्रेक्ष्य में चरित्रों और उनके चारित्रिक विधान को विश्वसनीय बनाने में अतुलनीय योग दिया। इतिहास के प्रतिमानों पर यदि यह कृति खरी उतरती है, तो इसका बहुत कुछ श्रेय शानदार शख़्सियत के उस मालिक को जाता है। बहुमूल्य सहयोग और सुझाव के लिए मैं डा0 सुरेश मिश्र का आभार मानता हूँ, गोकि जानता हूँ कि इस औपचारिकता को पढ़कर वे अट्टहास किये बिना नहीं रहेंगे। वे अलग मिज़ाज के आदमी हैं और ऐसे लोग कम ही देखने में आते हैं।

लेखन की सम्पूर्ण यात्रा में मेरी सहधर्मिणी श्रीमती प्रतिभा क़दम ब क़दम मेरे साथ चलती रहीं। उनमें एक लेखक की ज़रूरतों की समझ है। बहुत धैर्य और सहिष्णुता के साथ उन्होंने वे सारी सहूलियतें अता कीं, जिनसे मेरा लेखन-कर्म सुगम हुआ और रचना को अन्तिम पड़ाव की जानिब दिशा मिलती रही। किताब पर काम करते समय मुझे उनके क़दमों की चाप बराबर सुनाई पड़ती थी।

–सुरेश कुमार वर्मा

810, विजय नगर
जबलपुर (म.प्र.)

एक

दरबार में चारों तरफ़ सन्नाटा था। कहीं कोई हलचल नहीं। आशंका और भय में डूबे हुए लोग जैसे दम साधे किसी अनहोनी घटना की प्रतीक्षा में थे। राजसिंहासन के सामने बने चाँदी के कटघरे से बाहर वज़ीर, नायब वज़ीर, सिपहसालार, बेग आदि हाथ बाँधे खड़े थे। उनके चेहरों पर आशंका की काली छाया थी। वे अच्छी तरह जानते थे कि न्याय-प्रिय बादशाह के हाथ में इंसाफ़ की जो तलवार है, वह पुत्र और शत्रु में भेद नहीं करती।

भव्य सिंहासन पर विराजमान बादशाह जहाँगीर व्यग्र निगाहों से दरबार का जायज़ा ले रहा था। परेशानी चेहरे पर साफ़ झलक रही थी। वह कभी इधर देखता, कभी उधर देखता। इस तरह का पेचीदा मुक़दमा दरबार में पहले कभी नहीं आया था कि उसका अपना बेटा ख़ुसरो अपराधी के रूप में पेश किया जा रहा हो। उसने बेचैनी को जज़्ब करने की ग़रज़ से अपने मुर्शिद ईरानी हकीम अली गीलानी की ओर देखा, जो हाथ में तस्बीह लिये श्वेत पोशाक में दायीं तरफ़ थोड़ी दूर पर रखे सिंहासन पर सौम्य मुद्रा में आसीन थे। फिर बादशाह ने परेशान नज़रों से अपनी बायीं तरफ़ रखे स्वर्ण सिंहासनों पर आसीन दोनों शाहज़ादों की तरफ़ देखा। शाहज़ादा परवेज़ और ख़ुर्रम कुछ विस्मित, कुछ आशंकित लग रहे थे। उनके अपने ही एक भाई ने मुग़ल सल्तनत के ख़िलाफ़ विद्रोह किया था। इस अपराध के लिए उसका क्या हश्र होता है, उनमें यह जानने की बेचैनी थी।

बहुमूल्य रत्नों की लटकनों से सुसज्जित जरीदार चिलमन के पीछे बैठी हुई सम्राट् की माँ मातामही माहिमा बेगम और महारानी जगतगुसाईं बहुत व्यग्र थीं। वे कभी सम्राट् पर नज़र डालतीं, कभी शाहज़ादों पर, तो कभी दरबार के द्वार की तरफ़। उनके पीछे ख़ास-ख़ास बेगमें दरबार की कार्यवाही की प्रतीक्षा में चिन्तातुर बैठी थीं। उनको चारों तरफ से घेर कर खड़ी कुछ दासियाँ तटस्थ भाव से इस नज़ारे को देख रही थीं।

यह शाही दरबार का ख़ास आयोजन था, जिसे दो चरणों में सम्पन्न होना था। एक बादशाह के शाहजादे दो बिल्कुल भिन्न रूपों में सामने थे। एक पर राजदंड तना था, जबकि दो अन्य पर राजछत्र।

बादशाह की आज्ञा लेकर वज़ीरे-आज़म ने कार्यवाही प्रारम्भ की। उसने मीरमुंशी को संकेत किया। दूसरे ही क्षण द्वारपाल ने पुकार लगाई—क़ैदियों को हाज़िर किया जाय।

पूरे दरबार में सनसनी फैल गयी। सब जैसे साँस रोककर अगले चरण की प्रतीक्षा में थे। मुग़ल दरबारों के इतिहास में यह पहला अवसर था, जब एक राजकुमार ज़ंजीरों में जकड़ कर राजसभा में लाया गया हो।

'अब आगे क्या!' की स्तब्ध जिज्ञासा के साथ सबकी नज़रें राजद्वार पर टिक गयीं। भारी-भरकम जूतों की खटखट और ज़ंजीरों की खन-खन के साथ सिपहसालार शेख़फ़रीद के नेतृत्व में सिपाहियों के क़ाफ़िले ने दरबार में प्रवेश किया। राजकुमार खुसरो तथा उसके साथियों को सभाकक्ष के बीचोंबीच खड़ा किया गया। उनमें खुसरो की दाहिनी ओर हुसेन बेग और बायीं ओर अब्दुर्रहीम गरदन झुकाये खड़े थे। सिपाही दूर हट गये। फिर सभी ने बादशाह को तीन बार फ़र्शी कोर्निश की।

सामन्तों, सिपाहियों और दरबारियों में हलचल हुई। वे आगे-पीछे, अगल-बग़ल होकर अपराधियों को अच्छी तरह से देखने की कोशिश कर रहे थे। राजा मानसिंह और अज़ीज़ कोका कुछ पीछे हट गये थे। शायद वे इस दृश्य को सहन करने की स्थिति में नहीं थे। मिर्ज़ा ग़ियासबेग और सिपहसालार मोहम्मद अबुल हसन बुत बनकर खड़े थे। राजकुमार खुसरो के कपड़े मलिन और जीर्ण-शीर्ण थे। वह बेतरतीब बालों और अस्तव्यस्त पहनावे में भी आकर्षक लग रहा था। यह ज़रूर था कि घबराहट और चिन्ता की चादर उसके आकर्षण को म्लान कर रही थी। वह भय से कांप रहा था। लगता था कि अब गिरा कि अब गिरा।

क्षीण इच्छा-शक्ति को अपनी वाणी का सहारा देकर वह गिड़गिड़ाया—आलमपनाह, मुझे माफ़ करें। जहाँपनाह! जहाँपनाह!! मुझे क़दमबोसी की इजाज़त दें।

यह कहकर वह आगे घिसटने को हुआ कि बादशाह की कड़कदार आवाज़ गूँजी—वहीं खड़ा रह!

सिपाहियों ने बिजली की गति से आगे बढ़कर खुसरो को जकड़ लिया। सम्राट् ने इशारा किया। वज़ीरे-आज़म ने वर्तुलाकार लिपटे हुए पत्र को खोला। गहरी निस्तब्धता थी। सब कान लगाये थे। वज़ीरे-आज़म ने पढ़ना शुरू किया—शाहजादा खुसरो, तुमने एक बार फिर मुग़ल सल्तनत के ख़िलाफ़ तलवार उठाई। इसके पहले भी एक मर्तबा तुम बग़ावत का झंडा उठा चुके हो। ज़िल्लुल्लाह सदरे-सल्तनत ने रहम कर तुम्हें माफ़ी अता की थी। तुमने इससे सबक लेने के बजाय फिर बग़ावत का झंडा उठाकर मुग़लिया सल्तनत को ललकारा। इस गुस्ताखी और सरकशी के लिए तुम और तुम्हारे हमकार साथी कड़ी-से-कड़ी सज़ा के हक़दार हैं। ज़िल्लेसुब्हानी अदलपर्वर शाहंशाहे-हुकूमत से गुज़ारिश है कि वे इन शरंगेज़ बदकारों के लिए मुनासिब सज़ा तज़्बीज़ फ़रमाएँ।

खुसरो बुरी तरह काँप रहा था। उसके पैर शरीर का बोझ उठाने में असमर्थ दिख रहे थे। वह घुटनों के बल झुक गया और ज़मीन से माथा रगड़कर गिड़गिड़ाने लगा। उसके मुँह से फेन निकल रहा था। वह क्या कह रहा था, यह समझना मुश्क़िल था। धारधार बहते हुए आँसुओं ने उसे दयनीय बना दिया था।

दरबार की उत्कर्ण जिज्ञासा सम्राट् के अटल फ़ैसले को सुनने के लिए जैसे साँस रोककर खड़ी थी। आवाज़ शान्त और संयत थी, जो हर श्रोता के दिल व दिमाग़ में उतरने का सामर्थ्य रखती थी। बादशाह की आवाज़ गूँज उठी—खुसरो, तूने मेरे एतमाद को धोखा दिया। वालिद के दिल में अपने फ़र्ज़ंद के लिए जो प्यार होता है, उसका तूने नाज़ायज फ़ायदा उठाया। बार-बार मेरे हुक्मों की नाफ़र्मानी की। तू माफ़ी के क़ाबिल नहीं था, फिर भी तुझे हर बार माफ़ किया। तौबा करने के बजाय तूने अपनी गुस्ताख़ियाँ बढ़ा दीं। तेरी सरज़ोर हरकतों से बाग़ियों का हौसला बढ़ा और सरकार की मुसीबतों में इज़ाफ़ा हुआ। तेरे सरकश कारनामों से तंग आकर तेरी नेकनिहाद वालिदा ने खुदकुशी कर ली। फिर भी तेरी बदनीयत गुस्ताख़ियों में कोई कमी नहीं आयी।

भरपूर भर्त्सना के बाद बादशाह रुका। दरबार में सन्नाटा खिंचा हुआ था। शायद पहली बार किसी सम्राट् ने भरे दरबार में अपने पुत्र की इस तरह निन्दा की हो। बादशाह के चेहरे की मांसपेशियाँ खिंच आयी थीं। उसके स्वर में बेरुख़ी थी। उसने फ़ैसला सुनाया— साज़िश में शामिल खुसरो के दो साथियों को शाहराह की दोनों तरफ़ सूलियों पर लटका दिया जाय। तीसरे साथी हुसेनबेग़ को गाय की ताज़ा खाल में और चौथे साथी अब्दुर्रहीम को गधे की ताज़ा खाल में सी दिया जाय। दोनों को गधों पर उलटा बिठाकर पूरे शहर में घुमाया जाय। फिर भी ज़िन्दा बचें, तो उन्हें रिहा कर दिया जाय। बाग़ी खुसरो...।

'रहम, आलमपनाह, रहम'...कहते हुए खुसरो जमीन पर औंधा गिर पड़ा और जोर-जोर से रोने लगा। चिलमन के पीछे से भी मुँह दबाकर रोने-सिसकने की जनाना आवाज़ें आने लगीं। कई दरबारियों के चेहरे आँसुओं से भीग गये।

सम्राट् पर खुसरो के रोने और गिड़गिड़ाने का कोई असर नहीं हुआ। उसने वैसी ही भारी आवाज़ में राजाज्ञा जारी रखी—बाग़ी खुसरो को हाथी पर बिठाकर उसे उसके सूली चढ़े साथियों के बीच से निकाला जाय, ताकि वह अच्छी तरह से देख सके कि बग़ावत का क्या अंजाम होता है। उसे क़ैदख़ाने में डाल दिया जाय और उसकी आँखों में सलाइयाँ डाल दी जायें। दरबार की उच्चकोटि की शालीनता और शिष्टाचार के विरुद्ध कोलाहल मच गया। रहम की प्रार्थना भी सुनाई पड़ी, आच्छादित सीत्कार की ध्वनि भी उठी। सम्राट् अप्रभावित रहा। क़ैदियों को बाहर ले जाया गया। खुसरो को लगभग घसीटने की ज़रूरत पड़ी।

दरबार में आज की प्रक्रिया का पहला चरण पूरा हुआ। विद्रोह को विफल करने में जिन्होंने महती भूमिका अभिनीत की थी, उन्हें पुरस्कृत करने का दौर शुरू हुआ।

कुछ प्रमुख सेनानायकों को उपहार दिये गये। सरजंग शेख़फ़रीद को सम्राट् ने मुर्तज़ाख़ाँ की उपाधि से अलंकृत किया।

फिर वज़ीरे आज़म ने बहुत अदब से और उतने उच्च स्वर में, जिसकी रसाई पूरे दरबार की हदों तक हो सके, पुकारा—शाहज़ादा ख़ुर्रम!!

एकाएक सारी निग़ाहें शाहज़ादे पर केन्द्रित हो गयीं। .ख़ुर्रम अपनी जगह पर खड़ा हो गया। उसकी देह—यष्टि में चीते की स्फूर्ति लरज़ रही थी। शरीर की गठन लम्बाई को संतुलित कर रही थी। ताम्रवर्णी रौबदार मुखाकृति पर मूँछों की महीन रेखा उसके चेहरे को तेजोमय कर रही थी। उसका तेजस्वी भरपूर बदन पन्द्रह में बीस बरस का भ्रम पैदा कर रहा था। अपनी आन और बान में वह बेहद आकर्षक लग रहा था।

वह सधी हुई चाल से सम्राट् के करीब पहुँचा। तीन बार कोर्निश की और शान्त, स्थिर खड़ा हो गया।

वज़ीर ने बुलंद आवाज़ में फ़र्मान पढ़ा—शाहज़ादा ख़ुर्रम! सलामत बाशेद!! बग़ावत को नाकाम करने का सेहरा आपके सिर पर है। आपने अपनी सरक़ोब ताक़त से सरक़श और बदग़ुमान दुश्मनों का सर कुचल कर सल्तनत की हिफ़ाज़त की और सब तरह की आफ़त और ज़िल्लत से शाहंशाहे वक़्त को महफ़ूज रखा। आपकी इस जफ़रयाब बहादुरी के लिए आपका एहतिराम किया जाता है और बतौर सिला आपको आठ हजार ज़ात और पाँच हज़ार सवार का मनसब बख़ुशी अता किया जाता है।

सम्राट् ने खड़े होकर उसे खूबसूरत मखमल में लिपटा हुआ फ़र्मान प्रदान किया। साथ ही उसे शाही परचम और तमग़े भी दिये, जिन्हें ख़ुर्रम ने बहुत शालीनता से स्वीकार किया।

बादशाह ने ऐलान किया—शाहज़ादा ख़ुर्रम को लाल तम्बू लगाने की इजाज़त दी जाती है। उसे शाही मुहर को अपनी निग़रानी में रखने का हक़ अता किया जाता है।

शाहज़ादे को लगा, जैसे उसका क़द कायनात को छूने लगा है। उसने तीन बार कोर्निश की।

पूरा दरबार शाहज़ादा ख़ुर्रम की जयजयकार से गूँज उठा—मरहबा! मरहबा!! मुबारक हो! मुबारक हो!! हर्षोल्लास और जयजयकार के बीच प्रसन्न वदन ख़ुर्रम आकर अपने सिंहासन पर बैठ गया। सभी अपने-अपने ढंग से ख़ुशी प्रकट कर रहे थे, किन्तु राजसभा के विधान से बँधे इन लोगों में कोई भी व्यक्ति राजकुमार के निकट आने का साहस नहीं कर सका। सभी के पैर राजकीय शिष्टाचार की डोर से बँधे थे।

दरबार का उन्मादी उल्लास यहीं समाप्त नहीं हुआ। अभी उसे एक और आयाम मिलना था। अभी एक और यवनिका उठनी बाक़ी थी। कुछ और नाटकीयता शेष थी।

वज़ीरे-आज़म ने वैधानिक शिष्टता का पालन करते हुए कहा—आलमपनाह!

सिपहसालार मोहम्मद अबुल हसन शाहंशाहे-वक़्त के हुज़ूर में कुछ अर्ज़ करने की इजाज़त चाहते हैं।

सम्राट् के ओठों पर एक हलकी सी मुसकान तैर गयी, जो आज्ञा का संकेत बन गयी।

मोहम्मद अबुल हसन दरबार के बीचोबीच आकर खड़ा हो गया। अस्त्र-शस्त्रों से लैस सैनिक वेश-भूषा में गठा हुआ उसका शरीर बहुत रोबदार लग रहा था। उसका पिता मिर्ज़ा ग़ियासबेग़ भी उसके पास आकर खड़ा हो गया। दोनों ने फ़र्शी सलाम किया। बादशाह ने सिर के इशारे से उसे स्वीकार किया।

मोहम्मद अबुल हसन ने अपने अनुरोध को शब्द दिया—जहाँपनाह का इक़बाल बुलंद हो। ज़िल्लेसुब्हानी अग़र रिवायते ख़ानदान के माक़ूल और शाही हरम की हैसियत के मुनासिब समझें, तो इस नाचीज़ की दुख़्तर अर्जुमंद बानो को निक़ाह में शाहज़ादा ख़ुर्रम के लिए क़ुबूल फ़रमाएँ।

इस प्रस्ताव को सुनकर दरबारियों में खलबली मच गयी। कहीं प्रसन्नता थी, कहीं विस्मय था। कहीं हैरानी थी। थोड़ी देर के लिए कोलाहल का बाज़ार गर्म हो गया। इसके पूर्व कभी राजसभा में ऐसा नाटकीय प्रस्ताव नहीं आया था। सम्राट् के ओठों पर स्मित की तरंग थी। दरअसल पहले ही मोहम्मद अबुल हसन बादशाह के सामने यह प्रस्ताव लेकर गया था। उन्होंने ही उसे राजसभा में इस प्रस्ताव को रखने का आदेश दिया, ताकि सबके सामने .ख़ुर्रम की शादमानी में और इज़ाफ़ा हो सके।

सम्राट् ने संकेत किया। चारों ओर शान्ति छा गयी। वे आहिस्ता से बोले—तुम्हारी पेशक़श माबदौलत को मंजूर है। आज शाम सगाई की रस्म को अंजाम दिया जाय।

बादशाह ने दरबार को बर्ख़ास्त किया और वे महल की ओर चल पड़े। वे अपने पीछे ऐसी ख़ुशख़बर छोड़ गये थे, जिसे दूसरे दिन सल्तनत के कोने-कोने तक पहुँचना था। राजसभा से बाहर आते ही शुभेच्छुओं ने ख़ुर्रम को घेर लिया और उसे बार-बार बधाइयाँ देने लगे। सन्ध्या के मंद प्रकाश में या कि हुलास के उजास में रास्ता दिखाते हुए यह क़ाफ़िला ख़ुर्रम को उसके महल तक पहुँचा गया।

महल में माता जगतगुसाईं ख़ुर्रम की प्रतीक्षा ही कर रही थी। पुत्र के उत्थान का यह प्रथम सोपान था। उसके राजकीय सम्मान से वह बहुत प्रफुल्लित थी। वह चाहती थी कि पुत्र इसकी तरह वीरतापूर्ण कारनामों के द्वारा अपने प्रताप में वृद्धि करे, ताकि और भाइयों की तुलना में अपने को अधिक योग्य प्रमाणित कर सके। बादशाह की दृष्टि में चढ़ने के लिए और उसकी निकटता प्राप्त करने के लिए यह आवश्यक था।

रानी जगतगुसाईं अंतःपुर में अपने को उपेक्षित अनुभव कर रही थी। इसका कारण था मेहरुन्निसा, जिसके पति अली कुली की हत्या के पश्चात् बादशाह जहाँगीर उसे अपने महलसरा में ले आया था और अपनी माँ की निग़रानी में रख दिया था।

मेहरुन्निसा का प्रभा-मंडल था भी इतना भव्य और आकर्षक कि जहाँगीर स्वयं उसके जाल में उलझने लगा। उसने एक प्रकार से संकल्प कर लिया था कि उसे मलिका-ए-हिन्दुस्तान बनाकर रहेगा। वह मेहरुन्निसा के प्रति इस सीमा तक आसक्त था कि उसने अन्य रानियों से दूरी बना ली थी। रानी जगतगुसाईं उपेक्षा की इस आँच का स्पष्ट अनुभव कर रही थीं।

अब पुत्र ख़ुर्रम ही उसकी आकांक्षाओं का एकमात्र केन्द्र रह गया था। ख़ुर्रम के आते ही उसने उसके सिर पर हाथ फेरा। उसकी आँखों से आँसुओं का प्रवाह अनवरत बह रहा था। भावों के उफान में जो कहना चाहती थी, वह ठीक से नहीं कह पा रही थी। बमुश्क़िल इतना ही कह पायी—जुग जुग जियो मेरे लाल!

दो

अपने महल में तनिक विश्राम के उपरान्त जहाँगीर माँ के अन्तःपुर में आया। उनसे भेंट की इजाज़त ली और भीतर आकर अत्यन्त शालीनता से अपना आदाब अर्ज़ किया।

—मुझे ख़ुशी हुई सलीम, यह जानकर कि तुमने ख़ुर्रम का एहतिराम किया और इससे भी ज़्यादा ख़ुशी हुई, यह जानकर कि तुमने अर्जुमंद बानो के लिए शाही हरम के दरवाज़े खोल दिये। माँ रुकिया सुल्तान बेगम ने जहाँगीर की पेशानी को चूमकर कहा।

जहाँगीर झाड़-फ़ानूसों की ओर खाली आँखों से ताक रहा था। उसने मानो कुछ सुना, कुछ नहीं सुना। फिर जैसे अपने आप से बोला—मुझे तो याद आ रहा है, उस बदकेश ख़ुसरो का नज़्ज़ारा, जब वह ज़ंजीरों से जकड़ा हुआ सरे आम दरबार में पेश किया गया था। मेरा अपना बेटा इस अंजाम तक पहुँचा! शर्म नहीं आयी उस बदकार को!! डूब नहीं गया चुल्लू भर पानी में! दज्जाल कहीं का! जहाँगीर की आँखों से शोले बरस रहे थे। तमतमाहट ने उसके चेहरे को रौद्र बना दिया था।

रुकिया सुल्तान बेगम ने आग को बुझाने की ग़रज़ से कहा—अब भूल भी जाओ उन बातों को। कभी-कभी कोई ऐसी-वैसी बात हट के घट जाती है, तो उसे पचाना पड़ता है। फिर तुमने उसका इंसाफ़ भी तो कर दिया है।

-इंसाफ़ तो तब होता, जब सज़ायाफ्तों के बीच क़तार की पहली सूली पर उसका बदन झूलता होता।

—अब भूल भी जाओ उस ख़ानाख़राब क़िस्से को। तुमने ख़ुर्रम को जो इनामात अता किये, उनका वह वाक़ई हक़दार था। उसने ताजोतख़्त की वफ़ादारी का बेहतरीन सबूत दिया है। रुकिया सुल्तान बेगम एक दुःस्वप्न घटना से जहाँगीर को दूर ले जाना

चाहती थी।

—कौन सबक लेगा! किसे फ़िक्र है अपने बाप की, अपने बाप की इज़्जत और अज़्मत की! ताजोतख़्त के लिए यह खूनी दौड़ तो अभी शुरू हुई है। जाने यह कहाँ और कब ख़त्म होगी। बेटों के बीच आपस में नफ़रत और हिकारत की आग जल रही है, जिसका धुँआ कहीं दिख रहा है, और कहीं पोशीदा है। जहाँगीर के चेहरे पर शाम की उदास छाया पड़ी हुई थी।

रुकिया बेगम ने एक बार फिर जहाँगीर को भिन्न भाव-भूमि पर लाने का यत्न किया—यह भी तुमने अच्छा किया कि मोहम्मद अबुल हसन की दुख़्तर के साथ खुर्रम की सगाई को मंजूरी दे दी। अर्जुमंद बानो ख़ूबसूरत, नेक और समझदार लड़की है। उसके आने से यह महलसरा समनज़ार हो उठेगा।

जहाँगीर ने ठंडी साँस ली। कुछ जवाब ज़रूर देना है, इस आशय से मंद स्वर में कुछ सायास-सा बोला—इस निक़ाह से सल्तनत की पाएदारी और मजबूत होगी। ग़ियासबेग़ और मोहम्मद अबुल हसन की वफ़ादारी परवान चढ़ेगी। उनके ख़ास साथी भी हमेशा के लिए हमारे तरफ़दार हो जायेंगे। जहाँगीर साँस लेने के लिए रुका।

—बस, इतना ही, कि कुछ और भी! रुकिया सुल्तान बेगम ने भेद की निग़ाह से उसकी ओर देखा।

—कुछ और भी! क्या? जहाँगीर एक क्षण हतप्रभ हुआ। फिर उसके चेहरे पर चमक दौड़ गयीं।

—मैंने मेहरुन्निसा को हरचंद मनाने की कोशिश की, पर वह है कि 'न' के सिवाय कुछ जानती नहीं। इस महल में उसे हनोज़ रोक रखना बेकार ही रहा। वह इतनी संगदिल हो सकती है, कोई सोच भी नहीं सकता। संगमरमर कितना ही खूबसूरत क्यों न हो, आख़िर है तो पत्थर ही न! रुकिया सुल्तान बेगम निराशा की नज़र को सलीम से चुराते हुए बोली।

—शायद उसके सामने अपनी बात हम ठीक से रख न सके हों!

—हमने उसे मायके नहीं जाने दिया। इसी महल में रोक रखा, शायद इसी बाइस उसने जिद पकड़ ली हो।

—अगर आप इजाज़त दें, तो मैं बात कर लूँ मेहरुन्निसा से। जहाँगीर ने कुछ संकोच से कहा।

—ज़रूर। अभी भेजती हूँ। यह कहती हुई रुकिया सुल्तान बेगम आग्नेय अपद्वार से चली गयीं।

उधेड़बुन में उलझा जहाँगीर चहलकदमी करने लगा। थोड़ी देर बाद उसी द्वार से मेहरुन्निसा को भीतर पहुँचा कर एक तातार बाँदी लौट गयी।

मेहरुन्निसा ने बहुत शालीनता से आदाब किया और सधी हुई मुद्रा में खड़ी हो गयी। बेहद सुडौल देहयष्टि। औरत का भरपूर यौवन उम्र को छकाते हुए बाईस-तेईस

की देहलीज पर खड़ा था। औचित्य के प्रतिमानों पर खरा उतरता हुआ अंग-प्रत्यंगों का रूपांकन मनोहारी था। चुस्त पहनावे पर अंगों की रशाक़त उभर कर झलक रही थी। शरीर के सारे अंगों को क़रीने से ढँकी हुई थी। सिर्फ़ हाथ और पैर लिबास से बाहर थे, जिनकी तराशी हुई गढ़न उसके निगार के निराले ढब की ओर संकेत कर रही थी। पूरे मुख पर महीन काली ओढ़नी पड़ी थी, जिससे छन-छन कर संदली रूपाभा बाहर बिखर रही थी।

जहाँगीर ने उसे देखा, फिर देखा और देखता रह गया। मेहरुन्निसा की किसी भंगिमा से ध्यान भंग होने पर बोला—जहे क़िस्मत! यह खुशनुमा शाम! तुम सामने हो, तो फ़िज़ा और दिलक़श नज़र आती है।

—गुस्ताख़ी माफ़ हो आलमपनाह! जो शाम आपके लिए खुशनुमा है, वह किसी दूसरे के लिए शामे ग़रीबाँ भी हो सकती है। आपसे दस्तबस्ता इल्तिज़ा है कि आप मुझे इस क़ैद से आजाद कर दें। मेहरुन्निसा की आवाज़ की तल्ख़ी शालीनता के माधुर्य से अनुशासित थी।

—तुम इसे क़ैद कहती हो! दुनिया भर की नेमतों से आरास्ता मुग़लों के महलसरा को क़ैदख़ाना कहती हो! अक्खाह! जहाँगीर किंचित् आवेश में आ गया था।

मेहरुन्निसा अपने मत पर दृढ़ रहते हुए बोली—सोने की नक़्क़ाशीदार सलाख़ें क़फ़स की असलियत को नहीं बदल सकतीं, जहाँपनाह! फिर वह चाहे मुग़लों की ऐय्याश हरमसरा हो या रिज़्वान की निग़हबानी में जन्नत की क़ैद।

—आख़िर बेगमात और दीगर औरतें भी हैं यहाँ। और सभी खुश हैं।

—उनकी खुशी उन्हें मुबारक हो और उनके साथ आपको भी। लेकिन मेहरबानी करके मुझे अपनी बेटी के साथ अब्बाहुज़ूर के पास जाने दें।

—जब भी तुमने चाहा,जब भी तुम्हारे वालिद और भाई ने ख़्वाहिश ज़ाहिर की,

मैंने तुम्हें नहीं रोका। तुम क़ैद में नहीं हो मेहर, तुम आजाद हो। मेरी ख़्वाहिश है कि एक समझदार औरत मेरी ज़िन्दगी में कौकब के समान चमके। ऐसा लग रहा था, जैसे जहाँगीर उसे अपने पक्ष में करने के लिए किसी भी युक्ति से परहेज़ नहीं कर रहा था। उसने अपनी बेशकीमती पगड़ी ठीक की। मोती-मानिक की लड़ियों के बीच लगा एक समीन अल्मास जगमगा उठा।

—मैं आपका इशारा समझ रही हूँ, लेकिन मैं अपने दिल को नहीं समझा पायी, आलमपनाह! कि मेरे शौहर को, जो चग़ताई खानदान का इतना बावफ़ा ताबेदार था, क्यों क़त्ल कर दिया गया। मेहरुन्निसा ने इतिहास के पन्नों को पलटा और जहाँगीर को प्रेरित किया कि उन्हें पढ़े।

—मैं पहले भी कह चुका हूँ कि उसने सल्तनत से बग़ावत की। कुतुबुद्दीन के जरिये उसे हुक्म दिया गया कि वह अकबराबाद आये। उसने न केवल हुक्मउदूली की, बल्कि सूबेदार कुतुबुद्दीन का क़त्ल भी कर दिया। नतीज़तन मीरख़ाँ को उसका काम

तमाम करना पड़ा। अगर वह माबदौलत के हुक्म की तामील करने अकबराबाद आ जाता, तो इस ग़मनाक हादसे की नौबत ही न आती। वह बंगाल का खुदमुख़्तार सूबेदार बनने का ख़्वाब देख रहा था। जहाँगीर ने विस्तार से सारी बातें रखकर अपनी सफाई पेश की।

—इसके और भी तरीक़े हो सकते थे। पर आपका कुछ और ही मक़सद था। आपको लगा कि मुझ तक पहुँचने के लिए गर मेरे शौहर की लाश पर भी पैर रखकर चलना पड़े, तो वह भी जायज़ है। मेहरुन्निसा ने एक तरह से बादशाह पर इल्ज़ाम आयद कर दिया था। उसकी आवाज़ में न भय था, न संकोच।

एक सामान्य सी स्त्री सम्राट् पर इतना बड़ा आरोप लगा दे, उसे एक ऐसा प्रेमी घोषित कर दे, जो अपनी प्रेमिका को पाने के लिए उसके पति की हत्या भी करवा सकता है और बादशाह चुप रहे, यह सम्भव नहीं था। फिर भी सम्राट् शान्त रहा। उसने उसे एक बार फिर समझाया—शौहर के क़त्ल से तुम्हें गहरा सदमा पहुँचा है। यह आदमी की फ़ितरत भी है। जब आदमी सक़ते की हालत में होता है, तो किसी के बारे में कुछ भी सोच सकता है। भला तुम ही बताओ, यदि अली कुली मेरा रक़ीब होता, तो क्या अकबरे आज़म कभी उसे मेरे जाती हिफ़ाजती दस्ते में रखते। क्या हुजूरेवाला को यह मंजूर होता कि मेवाड़ को पस्पा करने वाली शाही फ़ौज में उसे मेरे साथ रवाना किया जाय। वह मेहरुन्निसा की प्रतिक्रिया को परखना चाहता था, इसलिए थोड़ी देर रुका।

अपने प्रति विश्वास के ताप का अभाव देखकर उसने फिर समझाने की ग़रज से कहा—बंगाल की हुर्रियतपसंद फ़िज़ा ने उसे आजाद और खुदमुख़्तार बनने की शह दी। यही शह उसकी मौत का बाइस बनी। उसने अपनी मौत को ख़ुद दावत दी थी।

मेहरुन्निसा सिर झुकाये खड़ी थी। सम्राट् की बात पर विश्वास करे या पति की हत्या के लिए उसे दोषी ठहराये—इन विकल्पों से वह समान दूरी बनाये हुए थी। उसकी निर्णायक बुद्धि के पैर जैसे जमीन पर गड़े थे। वे न इधर जा रहे थे, न उधर।

एकाएक दासी ने प्रवेश किया। बाअदब सलाम करती हुई बोली—गुस्ताख़ी माफ़ हो आलीजाह! असर की नमाज़ का वक़्त हो गया है। फिर कक्ष से बाहर निकल गयी।

—मुझे इजाज़त दें, आलमपनाह...हाँ, शुक्रिया कुबूल फ़रमाएँ। मेहर ने शालीन-मधुर आवाज़ में कहा।

—किस बात का शुक्रिया?

—आपने कमसिन और जहीन अर्जुमंद बानो को मुग़लिया हरम की शानो-शौकत के लायक समझा। वह न केवल खूबसूरती का मुजस्सिमा है, बल्कि बेहद नेकदिल और दानिशमंद भी है। वह शाहज़ादा खुर्रम के लिए कामिलन मुनासिब है और बक़दम उनका साथ देगी। मेहर ने एक साँस में अपनी बात कही।

—मैंने तो उसे तब देखा था, जब वह निरी बच्ची थी। मैं तो इतना ही कह सकता हूँ कि मिर्ज़ा ग़ियासबेग के खानदान में उम्र के फ़ासले से दो हूरों ने जन्म लिया है। एक वह जिसका तुमने अभी बयान किया और दूसरी वह जो मेरे सामने खड़ी है। जहाँगीर की आँखें अचानक मेहर की आँखों से टकरा गयीं। मेहर के चेहरे का गुलाब सुर्ख़ गुलाब हो उठा।

उसने शीघ्रता से कहा—आलीक़द्र! मुझे इजाज़त दें। तीन बार कोर्निश करती हुई वह पीछे हटी और चिलमन की ओट में अदृश्य हो गयी।

जहाँगीर चिलमन की रतनीली झालरों में उसे खोजने लगा।

तभी मेहरुन्निसा एकाएक चिलमन उठाकर वापस आयी और विनम्रता से सिर झुकाकर बोली—सानियन हाज़िरी के लिए माफ़ करें, आलमपनाह। एक अर्ज़ है।

सम्राट् ने सिर उठाकर उसकी ओर देखा, जिसमें बयान करने का संकेत छिपा था।

—हमारे ख़ानदान में लड़कियाँ अपनी सलाहियत और मासूमियत के लिए मशहूर हैं। हुज़ूर से इल्तिज़ा है कि सगाई की रस्म के बाद निकाह पढ़वाने में देर न हो। बेटी जितनी जल्दी ससुराल पहुँचे, उतनी ही जल्दी बाप की फ़िक्र दूर होती है।

—इंशाअल्लाह! इसमें उज्ऱ की कोई बात नहीं। इसी रोशनी में पहल की जायेगी।

मेहरुन्निसा ने कोर्निश की और क्रमशः पीछे हटते हुए चिलमन उठाकर निकल गयी।

जहाँगीर को मेहरुन्निसा का दोबारा कक्ष में आना अज़ीब लगा। जिस बात को वह कहने आयी थी, वह बहुत मामूली थी। कहीं ऐसा तो नहीं कि वह उसके सामने एक बार फिर से आने के लिए बहाना चाहती थी! यदि ऐसा है, तो...। जहाँगीर के चेहरे पर हलकी सी मुसकान तैर गयी।

तीन

मिर्ज़ा ग़ियासबेग़ की विशाल कोठी में आज ख़ासी चहल-पहल थी। अवसर था शाहज़ादा ख़ुर्रम और सिपहसालार अबुल हसन की बेटी अर्जुमंद बानो की सगाई का। नौकर-चाकर सजावट और व्यवस्था में व्यस्त थे। सामने उद्यान में हरित आभा बिखर रही थी। रंग-बिरंगे फूलों और पौधों के गमलों को तरतीब से सजाया गया था। दीवारों पर फूलों की कृत्रिम बेलें चढ़ायी गयी थीं। जहाँ-तहाँ जानवरों की ख़ाल और उनके सिर दीवारों की शोभा बढ़ा रहे थे। गलीचों, कढ़ाईदार चादरों, नक़्क़ाशीदार तख़्तों और कुर्सियों से कोठी का सबसे बड़ा कमरा अलंकृत था।

तैयारी पूर्णता पर थी। दास-दासियों की आवक-जावक क्रमशः कम होने लगी। कोठी के बाहर सख़्त पहरा था। परिन्दे को भी पर मारने के लिए इज़ाजत दरकार थी। बादशाह सलामत के आने में अभी कुछ देर थी।

मेहमानों के आने का क्रम प्रारम्भ हो गया था। उन्हें अहाते में लगे सुसज्जित शामियाने में बिठाया जा रहा था। ग़ियासबेग़ की निजी बैठक में बातचीत का दौर चल रहा था। कारण कि मेहरुन्निसा अपनी बेटी के साथ शाही हरम से अभी हाल ही लायी गयी थी। उसकी माँ तथा भाई अबुल हसन कुशल-क्षेम पूछने में लगे थे।

—इस बार तुम बहुत दिनों के बाद आयीं, मेहर! अबुल हसन ने उदास स्वर में जिज्ञासा की।

—मेरा बस चलता तो यहीं रहती। क़ैदी की कोई ख़्वाहिश होती है क्या! कहते हैं, बैठ जाओ, तो बैठ जाती हूँ। कहते हैं, खड़े हो जाओ, तो खड़ी हो जाती हूँ। मेहर ने छोटी भतीजी को दुलारते हुए कहा।

—तुमने कहा और मैंने माना! अबुल हसन के स्वर में विनोद का पुट था। फिर चुटकी ली—जैसे मैं तुम्हारा सुभाव जानता नहीं। तुम्हारी ख़्वाहिश के ख़िलाफ़ कोई रात को बत्ती भी नहीं जला सकता। तुम भले ही गुलाब की मानिन्द दिखती हो, लेकिन तुम्हारे इरादे चट्टान की मानिंद हुआ करते हैं।

ग़ियासबेग़ की पत्नी अस्मत बेगम ने पुत्री मेहरुन्निसा का मस्तक चूम लिया। फिर उसके सिर पर प्यार से हाथ फेरते हुए नसीहत दी—बेटी, हमें हालात के हिसाब से रुख़ इख़्तियार करना चाहिए। शाहंशाह के इसरार को इंकार की आँच मत दिखाओ। आख़िरकार वे तुमको मलिका-ए—हिन्दुस्तान ही तो बनाना चाहते हैं। एक दुहाजू औरत को भला यह नसीब हासिल हो सकता है!

—अम्मीजान, मैं पहले भी कह चुकी हूँ। मेरा मन नहीं मानता। आप मुझ पर ज़ोर न डालें। मेहर ने खाली पात्रों की ओर देखा, जिन्हें एक क़नीज़ उठा कर ले जा रही थी।

उसकी माँ जैसे हार मानने वाली नहीं थीं। आवाज़ को और तुर्श करती हुई बोलीं—नादान लड़की, दरबार और हरम में रहने वालों की आँखें मीज़ान की माफ़िक़ होनी चाहिए। उनमें हर बात को तौलने का माद्दा होना चाहिए। यहाँ मामूली-से-मामूली हैसियत अफ़ज़ाई के लिए लोग कितना तगापो करते हैं, यह तुम भी अच्छी तरह जानती हो। फिर तुम्हारा मुस्तक़बिल तो तुम्हें बुलंदी की सीढ़ी पर चढ़ने के लिए आवाज़ दे रहा है। इस आवाज़ को सुनो, मेहर! ऐसी आवाज़ सबके लिए नहीं आती। ऐसी आवाज़ हमेशा भी नहीं आती।

मेहरुन्निसा अपनी माँ का इशारा खूब समझ रही थी। जब भी अवसर मिलता, उसके पिता, माँ और भाई उसे शाही हरम का ख़्वाब दिखाने से नहीं चूकते थे।

इजाज़त लेकर अर्जुमंद कमरे में दाख़िल हुई। उसका अंतस्सौन्दर्य रंगीन

परिधानों की सज्जा को तिरस्कृत करता हुआ दमक रहा था। मखमली कालीन की मृदुलता को लज्जित करते हुए उसके नाज़ुक़ पैर पायलों की झनकार की ताल पर आगे बढ़े। मेहरुन्निसा ने उसे अपनी बाँहों में भर लिया और शुक्र तारे की भाँति दमकते मस्तक को चूम लिया। फिर आहिस्ता से बोली—शाही हरम मुबारक़ हो।

अर्जुमंद मुस्करा दी। फिर फुसफुसाहट में बोली—आप शाही हरम में इस नाचीज़ का एहतिराम करतीं, तो हमें ज़्यादा ख़ुशी होती।

मेहर के मायके के सभी लोग चाहते थे कि वह शाही हरम का प्रस्ताव माथे से लगा ले। पर वह थी कि कभी कोमलता से, कभी कठोरता से, कभी अदब और कभी जिद से 'न' कर देती। कभी-कभी कोई बुरा भी मान जाता था, तो वह इसका एहसास कर अपनी शीरानी भाव-भंगिमा से उसे अनुकूल बना लेती।

तभी तो जब उसे एहसास हुआ कि अर्जुमंद को शायद अच्छा न लगा हो, तो उसने विनोद का सहारा लेते हुए कहा—क्यों आरज़ू, यदि शाही हरम में हम दोनों साथ रहे, तो मर्तबा और हैसियत के लिए कहीं हममें मलाल तो पैदा नहीं हो जायेगा।

—आप कैसी बात करती हैं, फूफी! भला मैं आपकी शान के ख़िलाफ़ भी कभी जा सकती हूँ। यदि आप शाही हरम में आ जायें, तो हम दोनों हमराह बन जायेंगे और मुग़ल सल्तनत को बुलंदी पर ले जाना हमारा फ़र्ज़ होगा। और जब फ़र्ज़ एक होगा, तो वाहम शकराब की कोई वज़ह नहीं होगी।

उसकी युक्तियुक्त टिप्पणी को सबने सुना। सभी को लगा कि अर्जुमंद ने अपनी भूमिका अभी से तय कर ली है, पर मेहरुन्निसा गम्भीर थी। उसे राजसी तौर-तरीक़ों की पूरी जानकारी थी। सिंहासन के लिए वैमनस्य किस मुकाम तक पहुँच सकता है, इसे वह अच्छी तरह जानती थी। तख़्तोताज़ की दृप्त लालसा का आतिशी सूर्य सारे आपसी रिश्तों को किस तरह ख़ाक कर देता है, यह उसने नज़दीक से देखा था। वहाँ न कोई किसी का पिता है, न पुत्र। न भाई है न बहन। सब-के-सब तख़्त की लड़ाई में रक़ीब हैं। वह संज़ीदग़ी से बोली—आरज़ू, तू बड़ी भोली है। जब हरम में दाखिल होगी, तब तुझे पता चलेगा कि तू एक तिलस्मी जंत्र का पुरजा भर है या कि चौसर खेलने की एक गोटी, जिसे खेलने वाला कोई और है।

—शायद ऐसा ही हो। खेलने वाले तो खेलते ही रहते हैं। मुझे पता नहीं, मुग़लिया रंगमंच पर मेरा किरदार क्या होगा, पर इतना ज़रूर चाहूँगी कि मेरे सरताज़ का इक़बाल हमेशा बुलंद रहे। अर्जुमंद के स्वर में आत्मविश्वास की गमक थी।

—अभी तुम्हें उस तनाज़े का इम्क़ान नहीं है, जो महलसरा की देहलीज से जुड़ा होता है। ख़ौफ़ के दिन और दहशत की रात में वक़्त गुज़ारना आसान नहीं होता। यहाँ हर आदमी पर शक़ की सुई ठहरती है और हर आदमी अपने वजूद और सलामती के लिए किसी भी हद तक गुज़र सकता है। शायद तुम्हें खेल खेलने में दिलचस्पी न हो। पर यहाँ का चलन भी तो अनोखा है। जो यहाँ नहीं खेलते, लोग उन्हें मोहरा बनाकर

खेल लिया करते हैं। मोहरा बनकर रहने के बजाय खिलाड़ी बनकर रहना हमेशा बेहतर होता है। मेहरुन्निसा की बातों में हलकी सी कुटिलता झलक रही थी। वह शेर अफ़्गन के हरम में लम्बी अवधि तक विवाहित जीवन व्यतीत कर चुकी थी, इसलिए उसे उन सारे दावपेंचों की ख़बर थी, जो अक्सर सियासत में इस्तेमाल होते हैं।

उसकी तुलना में अर्जुमंद बहुत भोली और निर्मल हृदया थी। उसने मेहरुन्निसा के कथन के आशय को ठीक से समझ तो लिया, किन्तु इतना ही बोली—औरत को तो शौहर के रास्ते पर ही चलना होता है, फिर चाहे सिर के बल ही क्यों न चलना पड़े।

तभी क़नीज़ ने आकर ख़बरदार किया—आलमपनाह तशरीफ़ ला रहे हैं। साहिबे आलम भी साथ हैं।

ख़यालों में खोई हुई मेहरुन्निसा की तन्द्रा को तोड़ती हुई अर्जुमंद उसे बाँह पकड़कर भीतर खींच ले गयी। ग़ियासबेग़ और अबुल हसन बाहर भागे। उन्होंने शीघ्रता से आगे बढ़कर बादशाह का इस्तक़बाल किया और शाहज़ादा खुर्रम के हाथ चूमे।

सम्राट् और राजकुमार को बहुत क़रीने से सजाये गये आसनों पर बिठाया गया। ग़ियासबेग़ ने फ़र्शी सलाम करने के बाद कहा—नूरे आलम ने हमें जो इज़्जत बख़्शी है, उसके लिए यह नाचीज़ हमेशा उनका ग़ुलाम रहेगा।

—अब हमारे बीच क़रीबी रिश्तेदारी क़ायम हो रही है। बेहतर हो ग़र आप तक़ल्लुफ़ पर ज़्यादा तवज़्ज़ो न दें। जहाँगीर ने शालीनता से कहा।

—मुआफ़ करें आलीक़द्र! बादशाहत का जलाल रिश्तों की आँच से नहीं पिघल सकता। हमारे बीच चाहे जो भी रिश्तेदारी आयद हो, हम लोग ताज़िन्दगी अलप अर्सलाँ के ताबेदार बने रहना पसन्द करेंगे।

बादशाह ने प्रतिवाद नहीं किया। वैसे भी वह दिल से शाही रिवायतों का तरफ़दार था और चाहता था कि सिंहासन से जनता की दूरी बनी रहनी चाहिए।

बादशाह के इशारे पर बेशक़ीमती हीरे-जवाहरात के आभूषणों और सोने-चाँदी की कामगारी वाले वस्त्रों से भरे चाँदी के थाल रिवाज़-ए-दस्तपैमाँ अन्तःपुर में पहुँचाये गये। बदले में अबुल हसन ने खुद अपने हाथों से वस्त्राभूषण के थाल सम्राट् और राजकुमार को भेंट किये।

खान-पान का दौर शुरू हुआ। अभी तक केवल सम्राट् और राजकुमार ही आसन पर विराजमान थे। बादशाह ने सबको दस्तरख़ान पर बैठने का संकेत दिया। सब क़ायदे से मख़मली कालीन पर बैठ गये। भोजन परोसा गया।

अबुल हसन ने बहुत विनम्र लहज़े में कहा—आलमपनाह! इस रिश्ते को क़ुबूल कर आपने जो इज़्ज़त हमें बख़्शी है, इससे हमारे मर्तबा में हजार गुना इज़ाफ़ा हुआ है। हमारी तक़दीर जैसे हजार सूरजों से जगमगा उठी है। हमें सूझ नहीं रहा है कि हम कैसे आपका शुक्रिया अदा करें। अल्लाह हमेशा हमें आपका वफ़ाआश्ना बनाये रखे।

खुर्रम के चेहरे पर चमक दौड़ गयी, किन्तु बादशाह शान्त और निश्चल बैठा रहा। कोई ध्यान से देखता, तो पाता कि उदासी का झीना आवरण उनके मुख-मंडल पर पड़ा हुआ है। जो क़रीब थे, वे इसका सबब जानते थे, किन्तु वे प्रत्यक्ष या परोक्ष किसी रूप में भी इसका संकेत भी नहीं कर सकते थे। लोग शाहंशाह से सामाजिक आयोजनों में भी नपी-तुली ज़बान में ही बात करते थे—केवल तारीफ़ या काम-काज या हद-से-हद मिज़ाज।

लोग शाहज़ादे से खुलकर बात करना चाहते थे, लेकिन तहज़ीब और रिवायत ने ज़बान पकड़ रखी थी। खाने-पीने की चीज़ों के बहाने कुछ लोग ज़रूर उससे बात कर लेते थे। जहाँ तक सम्भव था, खुर्रम सबको जवाब देने का प्रयत्न करता। उसके प्रति सबकी धारणाएँ प्रशंसात्मक हो चली थीं। आज वह बहुत खुश था। उसके चेहरे पर विशेष रौनक़ थी। उसके सैनिक रूप पर रसिकता की महीन चादर पड़ी थी। बीच-बीच में लोग उसे मुबारकबाद देने आते, तो वह सिर झुकाकर तसलीम करता।

रीतियों और परम्पराओं के निर्वाह के बाद शाही क़ाफ़िला वापस चला। लड़की पक्ष का पुरुष वर्ग दूर तक पहुँचाने गया। बादशाह ने ग़ियासबेग़ और अबुल हसन को नजदीक बुलाकर कहा—कल सुबह मेहरुन्निसा को शाही महलसरा में दाख़िल किया जाय।

दोनों सन्न रह गये। ग़ियासबेग़ ने हाथ बाँधकर अर्ज़ किया—जिल्ले सुब्हानी! बेटी को मायके आये अभी कितना वक़्त हुआ है—सूरज ने जमीन का एक फेरा भी पूरा नहीं किया है। फिर शादी की तैयारी में भी उसकी हिस्सेदारी ज़रूरी है।

—उसकी सलाह से निक़ाह के इंतजाम में काफ़ी मदद मिलेगी, आलीजाह! उसे कुछ दिनों तक यहाँ और रहने की इज़ाजत अता फ़रमाते, तो हमें सहूलियत होती। अबुल हसन मेहर की वापसी के आदेश को सुनकर बेचैन हो गया था।

—हुक्म की तामील हो। जहाँगीर ने स्पष्ट आदेश दिया। अब कहीं किसी प्रतिवाद की गुंजाइश नहीं थी। बादशाह सज्जित हाथी पर बैठने को आगे बढ़ा।

पिता और पुत्र के मुखों की आभा खो गयी। उन्हें मेहर की चिन्ता हो आयी। उसे कैसे यहाँ रुकने के लिए राजी कर पायेंगे। सुनते ही वह बमक उठेगी। और हुआ ऐसा ही।

—मुझे एक मामूली लौंडी समझ रखा है! बल्कि उससे भी कमतर और बदतर! कनीज़ भी कहीं आने-जाने को आज़ाद हुआ करती है। लेकिन मुझे इतनी भी आज़ादी नहीं कि अपने बाप के पास कुछ दिन गुज़ार सकूँ। पिंजड़े में क़ैद कर रखा है मुझे। मेरे पर काट डालना चाहते हैं। आखिर मैंने उनका बिगाड़ा क्या है! क्या क़ुसूर है मेरा! यही कि मैं एक बेवा हूँ। तो क्या बेवा के कोई हक़ूक़ नहीं होते। मेहर भड़क उठी थी। मन में जो कुछ उमड़-घुमड़ रहा था, वह सब कहे जा रही थी।

—पनाह बखुदा, मेहर! दीवार के भी कान होते हैं। कौन कहाँ क्या लगा दे, कुछ

नहीं कहा जा सकता। दिल की बात दिल में रखो। ग़ियासबेग़ की लम्बी आयु सियासत की पेचीदगी को समझने में गुज़री थी। वह जब-तब घर के सदस्यों को इस प्रकार की समझाइश दिया करता था। विशेष कर अबुल हसन को वह ऐसे गुर गाहे-ब-गाहे दिया करता था।

वैसे अबुल हसन परिपक्व हो चला था। उसने मेहरुन्निसा के निकट आकर कहा—बहन, वक़्त की नजशकत को समझो। शाही घरानों के रिश्ते यों ही नहीं मिला करते। अल्लाह का फ़ज़ल समझो कि शाह की निगाह तुम पर मेहरबान हुई है, वरना शाही हरम में हुस्न का बेपनाह दरिया बह रहा है।

—मैं अपने को उसके इज़ाफ़े का बाइस नहीं बनाना चाहती। मेहरुन्निसा एकदम तटस्थ दिख रही थी।

अबुल हसन ने हिम्मत नहीं हारी। उसमें चाह पैदा करने की ग़रज़ से बोला—तुम्हें शायद अपनी ख़ुशनसीबी का अंदाज़ नहीं है!

—भाईजान, इस सराए-फ़ानी में सबकी मंज़िल कामरानी और ख़ुशहाली ही है। पर आपने कभी सोचा है कि बुलबुल को किसी दूसरे नशेमन में बसने में क्या तक़लीफ़ होती है! क्या दूसरे को खुर्सन्द करने का यही एक तरीक़ा है कि उसकी ज़िन्दगी के चमन को जानबूझकर उजाड़ दिया जाय और फिर नये फूल-पौधों से सजाने की कोशिश की जाय। मेहरुन्निसा में विलक्षण मेधा थी। उसकी तर्कसंगत बात तलवार की धार की तरह काटदार होती थी।

—जब पहली बार हमने तुम्हारे लिए अली कुली का इंतख़ाब किया था, तब भी हम चाहते थे कि तुम्हें अच्छे-से-अच्छा शौहर हासिल हो और आज भी हम चाहते हैं कि कोई आलाक़द्र आदमी तुम्हारा सरताज़ बने। ग़ियासबेग़ ने अपनी प्राणप्रिय बेटी को विश्वास दिलाने की कोशिश की कि वह अभी भी उसका वैसा ही शुभेच्छु है।

मेहरुन्निसा को सन्तोष नहीं हुआ। असन्तोष की तुषाग्नि को प्रकट करते हुए बोली—कहीं मैं आप लोगों पर बोझ तो नहीं हो गयी, जो आप मुझे महलसरा में ढकेल देना चाहते हैं।

—मेहर, तुम हद से बाहर जा रही हो। तुर्कों, मुग़लों और पठानों में इसका रिवाज़ रहा है। हम हर चीज़ रिवायतन ही मंज़ूर करते हैं। अदलो-उसूल से यह बाहर नहीं है। शरीयत की नज़र में बेवा का दूसरा निक़ाह जायज है। जहाँ तकशेर अफ़्ग़ान की मौत का सवाल है, उसके सबब पर परदा पड़ा हुआ है। तुम्हारे शेरंदाम शौहर की मौत का हम सबको सदमा पहुँचा था, पर इसका यह मतलब तो नहीं कि तुम ज़िन्दगी के हसीन ख़्वाबों से हमेशा के लिए मुँह मोड़ लो। अबुल हसन के हृदय में बहन मेहरुन्निसा के लिए बेहद स्नेह था।

वृद्ध ग़ियासबेग़ भी चाहता था कि उसकी बेटी का घर फिर से आबाद हो जाय और उसके ओठों पर फिर से पहले जैसी शीरीं मुसकान और गुलरेज़ हँसी थिरकने

लगे। उसने बाप की कशिश का सहारा लेकर समझाने का प्रयत्न किया—बेटी, मैं अब ज़ईफ़ हो चला हूँ। इस सराए-फ़ानी में चंद रोज़ का मेहमान हूँ। मैंने शाही घरानों के बहुत उतार-चढ़ाव देखे हैं, वजूद के लिए आदमी को जद्दोजहद करते देखा है। बहुत समझौते करने पड़ते हैं। अपनी ख़्वाहिशों को पूरा करने के लिए उसूलों की क़ुर्बानी देनी होती है। अपने ख़ानदान को जो सियासी मर्तबा हासिल हुआ है, वह यूँ ही नहीं। इसे अज़ीम अल्लाह का क़रम समझो कि आज हमें दीवाने-आम और दीवाने-ख़ास में बेरोकटोक बारयाबी हासिल है और पेचीदा और अहम मसलों पर हमारी राय को तवज़्ज़ो दी जाती है।

—मुआफ़ करें, अब्बाजान! क्या करूँ, मेरा मन नहीं मानता। मैं अपने को समझाकर हार गयी। मेरे सरताज़ के जाने के बाद मुझे सारा जहान तारीक़ियों में डूबा लगता है। मेहरुन्निसा के गुलाबी चेहरे पर गहन निराशा की महीन चादर पड़ी थी, जैसे अस्तमित सूर्य के विभा-मंडल पर बादलों की हलकी परत छा गयी हो।

—इस वक़्त शायद पूरे हिन्दुस्तान में तुमसे अधिक जहीन मोहतरमा नहीं मिलेगी। इलाही ने तुम्हें बेमिसाल ज़हानत अता की है। हुस्ने खुदादाद से मिलकर इस ज़हानत ने तुम्हें निस्वानी दुनिया का सरताज बना रखा है। यह अनोखा मेल औरतों में बहुत कम देखने में आता है। शुरू से हमें लग रहा था कि मुग़ल सल्तनत के मुस्तक़बिल में कहीं-न-कहीं एक लक़ीर तुम्हारे नाम की भी है। बादशाह तुम्हारी बेमिसाल निस्वानियत से अच्छी तरह वाक़िफ़ हैं और इसीलिए तुम्हारी इतनी क़द्र करते हैं। ग़ियासबेग़ चुप हो गया। उसका गला खरखरा रहा था।

अबुल हसन ने हस्तक्षेप किया—अब रहने भी दें, अब्बाजान। चाह तो हम कब से रहे थे कि वैसा हो। तक़दीर दरवाज़े के पीछे खड़ी दस्तक दे रही है, लेकिन कोई सुनने को तैयार न हो, तो किया ही क्या जा सकता है! जाओ मेहर, आरजू तुम्हारा इंतज़ार कर रही होगी। तुम्हारे साथ कुछ वक़्त गुजारने के लिए बेचैन है।

मेहरुन्निसा को लगा कि वातावरण भारी हो गया है। उसे हलका करने के मक़सद से कहा—आप लोग मेरी तारीफ़ भी करते हैं और धिक्कारते भी हैं। आदमी की फ़ितरत कितनी बेपायेदार होती है। फिर वह खिलखिला उठी। मेहर का बचपन जैसे लौट आया हो।

अबुल हसन ने उसे उसी के सिक्के में जवाब देते हुए कहा—तू बहुत अच्छी है कि महारानी बनने लायक़ है। तू बहुत ख़राब है कि महारानी बनना नहीं चाहती ...जा, आरजू के पास जा। कुछ देर बात कर, फिर आराम कर। कल सुबह तुझे बिदा करना है। कुछ तैयारी भी करनी होगी।

मेहरुन्निसा मुस्करा दी। तस्लीम किया और हरम में चली गयी। बाप और बेटे ने एक-दूसरे को बेहद उदास नज़रों से देखा।

चार

दूसरे दिन मेहरुन्निसा शाही हरम में दाख़िल कर दी गयी। वहाँ उसे वे सारी सुविधाएँ सुलभ थीं, जो किसी महारानी को उपलब्ध होती हैं। बन्धन यही था कि वह स्वेच्छा से बाहर नहीं जा सकती थी। वह बहुत कम बोलती थी, कम मेलजोल रखती थी। दिनचर्या का लगभग सारा समय पढ़ने-लिखने, बागवानी करने कुछ नया कर गुज़रने और बिटिया को तहज़ीब सिखाने में लगा देती थी। कुछ समय कशीदाकारी और कुछ इत्र की रासायनिक प्रक्रिया को समझने के लिए भी बचा लेती थी।

जब-तब पिता या भाई आकर उससे भेंट कर लिया करते थे। बातचीत का प्रायः एक ही बिन्दु हुआ करता—अर्जुमंद का विवाह। घर में जबर्दस्त तैयारी हो रही है। एक-एक चीज़ का विस्तार से ध्यान रखा जाता। मेहर अपनी राय भी दिया करती। उसकी राय को महत्व मिलता।

जब काफ़ी दिनों तक तैयारी की बातें हो चुकीं, तो एक दिन मेहरुन्निसा ने अबुल हसन से कहा—भाईजान, कब से सुन रही हूँ तैयारी, तैयारी। पर निकाह की तारीख़ तो बतायें। कोई दिन मुअय्यन हुआ कि नहीं।

अबुल हसन उदास हो गया। अनमने भाव से बोला—आलमपनाह की ओर से कोई पहल नहीं हो रही है। एक-दो बार उनसे अर्ज़ किया, तो कोई जवाब नहीं दिया। एक बार अब्बाजान ने इल्तिज़ा की, तो बोले कि जब तारीख़ तय होगी, तो ख़बर कर दी जायेगी।

—यह तो कोई बात नहीं हुई। सगाई के बाद शादी की तारीख़ को इतनी दूर तक खींचना ग़ैरमुनासिब है। लड़के-लड़की मायूस हो जाते हैं। रिश्तेदार बेचैन हो उठते हैं। समाज में चेमेगोइयाँ होने लगती हैं। उलटे-सीधे सबब हवा में उछाले जाते हैं। हमारे मर्तबे पर भी असर पड़ता है। मेहरुन्निसा ने भी अपनी चिन्ता प्रकट की।

अबुल हसन सुनता रहा। वह राजकीय मर्यादा में बँधा था। सुल्तान के ख़िलाफ़ एक शब्द भी कहने-सुनने का अभ्यास नहीं था। आज्ञानुवर्तन ही उसके चरित्र का विधायी तत्व था।

—मैं बादशाह से बात करूँगी, गो कि अपनी ओर से बात करने में मुझे शर्मिन्दगी महसूस होती है। लेकिन आरजू के लिए उस शर्म को भी पलकों पर उठा लूँगी। मेहरुन्निसा के चेहरे पर इरादों की मजबूती झलक रही थी।

—इधर मैंने एक और बात सुनी है। शायद अफ़वाह ही हो। अबुल हसन ने बहिन के एकदम क़रीब आकर, लगभग फुसफुसाकर कहा।

—कौन सी बात? महल की फ़िज़ाओं में अफ़वाह का बाज़ार हमेशा गर्म रहता है। यह कोई अजूबा नहीं।

—धुआँ उठता है, तो कहीं-न-कहीं आग तो होती ही है। सुना है कि साहिबे

आलम के एक-दूसरे निकाह की तैयारियाँ चल रही हैं। किसी सफ़वी मुज़फ़्फ़र हुसैन की साहिबज़ादी से। अबुल हसन ने भेद की नज़रों से देखते हुए कहा। चेहरे पर घबराहट के चिह्न भी थे।

—नहीं! यह कैसे हो सकता है। मेहरुन्निसा में सकते में आ गयी। फिर अपने आवेश को नियंत्रित करते हुए बोली—यह नामुमकिन भी नहीं है।

अबुल हसन ने मामले की गंभीरता की ओर संकेत किया—यदि बादशाह ने यह निकाह करवा दिया, तो हो सकता है कि शाहज़ादे का मन आरजू की ओर से फिर जाय। किसी के मिज़ाज का क्या भरोसा! नवजवान शाहज़ादों के मन और तितली में कोई फ़र्क़ थोड़े ही है।

—क्या आप यक़ीन से कह रहे हैं कि बादशाह ख़ुर्रम की शादी मुज़फ़्फ़र हुसैन की साहिबज़ादी से करवा रहे हैं! मेहरुन्निसा विश्वास के लिए आधार ढूँढ़ रही थी।

—मैंने कहा न! मैंने हवा में उड़ती ख़बर सुनी थी। अबुल हसन के स्वर में अधीरता थी।

—नहीं। हमें इसे हलके से नहीं लेना चाहिए। मुझे बादशाह से बात करनी होगी। यह भी कोई बात हुई कि सगाई किसी से हो और शादी किसी और से। मेहरुन्निसा के इरादे पर पक्का रंग चढ़ गया था और वह उसे और गहरा कर देना चाहती थी।

संक्षिप्त भेंट के बाद अबुल हसन ने बिदा ली। मेहरुन्निसा ने अपनी ख़ास दासी नीलोफ़र को रवाना किया कि जैसे भी हो बादशाह से उसकी भेंट मुक़म्मल करा दे।

चूँकि सम्राट् ने मेहरुन्निसा की हर पहल के लिए अपना द्वार खुला रखा था, मुलाक़ात तय करने में आसानी हुई।

पहली बार मेहरुन्निसा ने शाहंशाह के निजी कक्ष में क़दम रखे। अपने ऐश्वर्यपूर्ण कक्ष में मेहरुन्निसा की उपस्थिति का मूल्यांकन करते हुए सम्राट् को लगा कि कोई चित्र समग्रतः तभी सुन्दर हो सकता है, जब चौखट की भव्यता के अनुकूल बिम्ब भी वैसा ही भव्य हो। उसके इस निश्चय को बल मिला कि मेहरुन्निसा के सामने उसने जो प्रस्ताव रखा था, वह एकदम सही था।

रस्मी तौर पर अभिवादन करने के उपरान्त मेहरुन्निसा ने बेलाग होकर पूछा—क्या यह सही है आलमपनाह, कि आपने शाहज़ादा ख़ुर्रम का निक़ाह मुज़फ़्फ़र हुसैन की साहिबज़ादी से करने का फ़ैसला किया है।

बादशाह ने मेहरुन्निसा की बेहतरीन कामदार चुनरी के पीछे मौजूद उसकी पक्ष्मल आँखों में झाँकते हुए कहा—सच है।

मेहरुन्निसा सकपका सी गयी। उसे उम्मीद थी कि शायद बादशाह इस बात को छिपा लेगा, या फिर कोई बहाना बनायेगा, या फिर याचना के स्वर में अपना बचाव करेगा।

बादशाह की स्पष्ट स्वीकृति से हतप्रभ हुई मेहरुन्निसा ने अपने स्वर को मन्द करते हुए कहा—यह तो कोई बात नहीं हुई, आलीक़द्र! कि सगाई किसी से हो और निकाह किसी और से।

-कभी-कभी ऐसा भी हो जाता है। क़ुदरत के करिश्मे भी अजीब होते हैं। हम जो चाहते हैं, वह नहीं होता। हम जिसे चाहते हैं, वह हमें नहीं चाहता। शायद अल्लाताला को यही मंज़ूर हो कि सफ़वी की साहिबज़ादी खुर्रम की जानेजाँ बने। जहाँगीर का कथन सपाट था।

मेहरुन्निसा ने यह समझकर कि अवसर के देवता के बाल सामने की ओर ही होते हैं, सम्राट् से सब बातें आज ही कर लेने का निश्चय किया। उसने तुर्श आवाज़ में कहा—आलमपनाह, कहीं आप मुझ पर दबाव तो नहीं बना रहे हैं!

बादशाह ने अपनी आँखें उसके झीने निक़ाब पर जमा दीं।

—कहीं आप मुझसे कुछ सौदा तो नहीं करना चाहते? मेहरुन्निसा ने इस प्रकार का सवाल करने का साहस किया। उसके मुख की मांसपेशियों पर कुछ तनाव आ गया था।

—तुम्हारी यह हिम्मत की बादशाह से सवाल करो। सम्राट् ने स्वर को अनुशासन में साधकर कहा।

—यह इस क़बीले में कोई नया रिवाज़ राइज हुआ कि सगाई एक लड़की से की जाय और निक़ाहनामे में किसी और लड़की का नाम दर्ज़ कराया जाय। मासूम लड़कियों के अरमानों से खेलने का कोई नया शौक़ चंगेज़ के वारिसों में बेदार हुआ है! मेहरुन्निसा ने हिम्मत बटोर कर कहा। उसे लगा कि आज चुप रही तो शायद कल बोलने का अवसर न रहे या फिर बोलने से कोई मक़सद हासिल न हो।

मेहरुन्निसा जिस रौ में बह रही थी, उससे उसे अलग करने के लिए बादशाह को अपना रुख़ कड़ा करना पड़ा—ख़बरदार! तौर-तरीक़ों के हद में रहो, अपने जुनून को क़ाबू में रखो और अपना मक़सद मुख़्तसर में बयान करो।

बादशाह की तीखी आवाज़ मेहरुन्निसा को किंचित् भी हतोत्साहित न कर सकी। उसने निर्भीकता से कहा—जहाँपनाह, अफ़सोस की बात है कि इतने साफ़-शफ्फाक़ इशारे को आप नहीं समझ पाये... शायद आप समझना भी नहीं चाहते। शाहों के तौर-तरीक़े आमफ़हम हुआ भी नहीं करते! आप मुझे इजाज़त दें, तो साफ़ कहूँ कि आप मुझसे ख़फ़ा हैं। वह इसलिए कि मैंने आपसे निकाह के लिए हामी नहीं भरी। इसका बदला आप मेरी भतीजी से निकालना चाहते हैं।

बादशाह ने प्रतिवाद नहीं किया। थोड़ी देर तक मेहरुन्निसा ने जवाब की प्रतीक्षा की। फिर भावुक स्वर में कहा—औरत एक बार ज़ाती तौर से जिस मर्द के साथ जुड़ जाती है, उससे हर हाल में निस्बत निभाती है। मर्द इसे नहीं समझ सकते। वे तो औरतों को खूबसूरत खिलौना समझते हैं। वे खिलौना बदलने के आदी भी हैं

और इस मामले में बेतक़ल्लुफ़ भी। आपने साहबे आलम को एक खूबसूरत खिलौना दिखाया और फिर उसकी लालच को लगाम देकर दूसरा खिलौना पकड़ा दिया।

जहाँगीर मुस्कराया। फिर मुस्कान को पीछे ढकेलते हुए बोला—जहाँ तक शाहज़ादे के इस निक़ाह का सवाल है, तुर्क शाहंशाहों के हरमसरा में यह रिवाज़ कोई नया नहीं है। तुम समझ लो कि यह सिलसिला सिर्फ़ सफ़वी की साहिबज़ादी तक ही रुका नहीं रहेगा।

—और अर्जुमंद बानो?

—उसका ख़ुदा हाफ़िज। सम्राट् का नपा-तुला उत्तर था।

मेहरुन्निसा तिलमिला गयी। आवेश में बोली—समझी, शायद आप मुझसे सौदा ही करना चाहते हैं।

—शायद तुमने ठीक समझा। यदि तुम इसे सौदा समझती हो, तो यही सही। याद रखो, अभी तो केवल सगाई ही हुई है। यदि तुमने अपना इरादा नहीं बदला, तो निक़ाह पढ़वाने में देर नहीं होगी। जहाँगीर की आवाज़ तुर्श थी, क्योंकि उसमें धमकी निहित थी।

मेहरुन्निसा काँप गयी। वह जानती थी कि बादशाह की धमकी का एक अर्थ होता है। फिर भी अपने को सँभाल कर बोली—आप फ़र्मांगुज़ार हैं। आपका इशारा भी फ़र्मान होता है, पर इसका यह मतलब तो नहीं कि आप मासूम लोगों की ज़िन्दगी से खेलें। आप शर्तों पर शादी करना चाहते हैं। अगर अर्जुमंद की शादी की शर्त मेरा आपसे निकाह है, तो यह आपको पहले ही साफ़-साफ़ कह देना था। हम शाहज़ादे से सगाई इंकार कर सकते थे।

—कौन इंकार करता! तुम कि ग़ियासबेग़ कि अबुल हसन! गर माबदौलत चाहते हैं कि सगाई हो, तो सगाई होकर रहेगी। गर माबदौलत चाहते हैं कि दोनों का निकाह नहीं होगा, तो नहीं होगा। जहाँगीर तैश में आ गया था। उसकी आँखों से चिनगारियाँ बरस रही थीं। नथुने फूल गये थे। स्वर इतना तेज़ था कि बाहर भी सुना जा सकता था।

मेहरुन्निसा सकपका गयी। अपने प्रति आसक्त सम्राट् को वह कुछ लिजलिजा मानकर चली थी और मान चली थी कि याचकीय मनःस्थिति उनके व्यवहार को ढीला और लचीला बनाये रखेगी। सम्राट् के आज के व्यवहार से उसे राजकोप की तीखी धार का पता चला। यही तीखी धार तलवार की धार बनकर उसके पति शेर अफ़ग़न पर गिरी थी और उसे तारीक़ की गहराइयों में हमेशा के लिए ग़र्क़ कर दिया था। तब उस अकेली, कमज़ोर और बेबस विधवा औरत की क्या बिसात! मेहरुन्निसा सक़ते की हालत में थी—सिर झुकाये बदहवास।

सम्राट् का ग़ुस्सा बना हुआ था। मेहरुन्निसा से कुछ कहते नहीं बन रहा था। उसकी वाचालता ग़ायब हो चुकी थी।

—तख़लिया! सम्राट् का आदेश वातावरण में गूँजा।

मेहरुन्निसा के लिए अब अपनी बात कहने का तो दूर, वहाँ मौजूद रहने का भी कोई अवकाश नहीं रह गया था। उसने काँपते हाथों से तीन बार कोर्निश की। पीछे हटते हुए उसके पैर लड़खड़ा रहे थे। कठिनाई से पलटी और कक्ष से धीरे-धीरे बाहर निकल आयी। पहली बार ऐसा हुआ कि जब वह अभिवादन कर रही थी, बादशाह उसकी ओर पीठ किये हुए था।

मेहरुन्निसा सैनिक अभिरक्षा में वहाँ से सीधे अपने महल में आयी और पर्यंक पर औंधे मुख गिर पड़ी। थोड़ी देर सिसकती रही। आत्मस्थ होने पर उसने मन को संयत किया, भावुकता को किनारे किया और साक्षी के रूप में समस्त घटनाक्रम का आत्मावलोकन करने लगी।

उसने पाया कि ग़लती उसी की थी। बादशाह के रुझान को देखकर उसने रूपगर्विता का किरदार अपना लिया और समझने लगी कि शाह को सौ बार ग़रज होगी तो उसे मनाने आयेगा। वह अपनी औक़ात भूल गयी। दर हक़ीक़त उसकी हैसियत ही क्या थी—एक बेवा, पेड़ के तने से छिटककर अलग पड़ी एक बेल, एक बेसहारा औरत, एक अनाथ बच्ची की माँ! आख़िर वह किसके बूते पर बादशाह को ललकार रही थी। एक चुटकी खूबसूरती पर! एक मुट्ठी शबाब पर! शाही हरम में तो शबाब का दरिया बह रहा है। शाह के दूर के रिश्तेदारों तक की जूतियाँ लोग सिर पर ढोने को तैयार बैठे हैं। वह फ़िलअस्ल लगती कहाँ है! उसे पूछता कौन है! यदि थोड़ी-बहुत पूछ है, तो इसीलिए न कि लोगों को पता लग गया है कि बादशाह उस पर मेहरबान हैं। यहाँ आदमी की हैसियत इस बात से आँकी जाती है कि वह शाह के कितने निकट है। उसे शाह के निकट जानकर ही तो लोग उसकी इज़्ज़त करते हैं।

भला उसे किसका बल है! पिता का? भाई का? लेकिन वे सब तो बादशाह के ताबेदार हैं। वे उनके सामने बैठने तक की जुर्रत नहीं कर सकते। भला खुर्शीद के सामने जुगनू की क्या बिसात! किरन जिस रोशनी को लेकर इतराती है, वह उसे सूरज से ही तो हासिल है! यहाँ जितने ताक़तवर दिख रहे हैं, वे सब बादशाह की ताक़त से ही ताक़तवर बने हुए हैं। पूरी सल्तनत में ताक़त का एक ही मरकज़ है और उस मरकज़ को आँख दिखाने की उसने हिमाक़त की! एक छोटी सी चिड़िया ने आसमान को नापने की कोशिश की! एक मामूली सी टिटहरी ने समंदर को पीने की कोशिश की। उसने हालात का कितना ग़लत जायज़ा लिया!

तो क्या बाज़ी हाथ से निकल चुकी है? क्या सब कुछ ख़त्म हो चुका है? एक बार फिर से नये सिरे से। पर कैसे। अब शायद बादशाह ही भेंट का मौक़ा न दें! तब...तब...क्या होगा!!

मेहरुन्निसा बिस्तर पर पड़ी-पड़ी काफ़ी देर तक इसी उधेड़-बुन में रही। भीतर पश्चाताप की मद्धिम तुषाग्नि जल रही थी और मन मंथन में लगा था। उसे लगा कि

वह ग़लत दिशा में क़दम बढ़ा रही थी। जिस प्रकार बँदरिया अपने मृत बच्चे को छाती से चिपकाये रहती है, उसी प्रकार से वह अपने अतीत के अजीवित अवशेष को छाती से लगा कर दुलराती रही है; जबकि होना यह था कि कुंकुम-अक्षत लगाकर उसे किसी नदी की गहराई में कब का सिरा देना था। जिस अतीत से कुछ हासिल न हो, उसे दफ़ना देना ही बेहतर है, और ख़ासकर तब जबकि बेहतर विकल्प मौजूद हो। यही दुनियादारी है। यही वर्तमान में जीने का सही तरीक़ा है। उसे वर्तमान में जीना होगा। यही नहीं, वर्तमान को भविष्य के उस सबेरे तक ले जाना होगा, जहाँ कुंकुमी आभा का ऐश्वर्य बिखरा पड़ा है। पर...पर...कहीं देर तो नहीं हो गयी! क्या बादशाह उसे एक मौक़ा और देंगे। सिर्फ़ एक मौक़ा!

तभी कनीज़ ने अबुल हसन के आगमन की सूचना दी। मेहरुन्निसा बैठक में आयी। उसने भाई को समस्त घटनाक्रम की जानकारी दी। सुनने के साथ उत्तरोत्तर अबुल हसन की बेचैनी बढ़ती गयी। यह सुनकर कि बादशाह ख़ुर्रम का निक़ाह अन्यत्र भी कर सकते हैं, वह सकते में आ गया। सगाई के बाद भी अर्जुमंद कुँवारी बनी बैठी रहे, यह बात उसके दिल में नश्तर चुभा रही थी। उसके परिवार की प्रतिष्ठा धूलधूसरित हो जायेगी। इसके लिए सम्राट् दोषी है, यह वह सोच ही नहीं सकता था, क्योंकि आज तक उसके मानस में बादशाह के विरुद्ध सोच की कोई लहर कभी उठी ही नहीं। वह तो निष्ठा की प्रतिमूर्ति था। जो कुछ करता है, बादशाह ही करता है और बादशाह कभी ग़लती नहीं करता—इस परिपुष्ट धारणा के वशीभूत हो भारी मन से वह घर की ओर चल पड़ा।

घर पहुँच कर एकान्त में पत्नी अब्करी बेगम को सारी घटनाओं से अवगत कराया। गहन दुःख-भरी घटना को सुनकर जैसे कोई बदहवास हो जाता है, बेगम की कुछ वैसी ही हालत हो आयी। आँसू बहाते हुए रुँधे कंठ से बोली—हमने किसी का क्या बिगाड़ा है कि ऐसे दिन देखने को मिल रहे हैं। यह तो मुँह छिपाने की बात हुई। हमने बेटी की ऐलानिया सगाई की थी, अब किसको क्या जवाब देंगे! सब मेरी मासूम बच्ची पर लांछन लगायेंगे। उसी में खोट निकालेंगे। मैं नुक़्सख़ोर औरतों को अच्छी तरह जानती हूँ। उन्हें हमेशा ऐसे ही वाक़ये की तलाश रहती है।

—इस तरह रोने से काम नहीं चलेगा। सब्र रखो। अबुल हसन ने संयम बरतने की सलाह दी।

—मुझे मालूम नहीं था कि बादशाह इतना संगदिल भी हो सकता है।

—श़ईईइइ...ऐसा नहीं कहते। फिर कभी मत कहना। बादशाह रहमदिल और अदलपर्वर हैं। चूक ज़रूर कहीं हुई है, उसे देखना होगा। अबुल हसन की वफ़ादारी सम्राट् का बचाव कर रही थी।

—फिर आख़िर बात क्या हुई?

—लगता है, मेहर की जिद ने बादशाह को नाराज़ कर दिया। अबुल हसन ने

खुलासा किया।

—मोहतरमा मेहरुन्निसा को पता नहीं क्या हो गया है! वे बादशाह की सिम्त बेरुख़ी इख़्तियार किये बैठी हैं। अब्करी बेगम ने दिल की भड़ास निकालने की कोशिश की।

—हमें यह सब नहीं सोचना है। इस वक़्त हमें सिर्फ़ अर्जुमंद का ख़याल रखना है। उसके मासूम दिल को ठेस पहुँचेगी। उसे हमेशा अपने दामन के साया में रखना होगा। अबुल हसन अनुभव कर रहा था कि एक नन्ही सी गुड़िया पर निर्मम प्रहार हुआ है। दुःख तो यह है कि वह कुछ नहीं कर सकता। सिर्फ़ घटना को घटित होते देख सकता है।

और कुछ दिनों बाद वह घटना भी सामने आ गयी। बादशाह ने जो धमकी दी थी, उसे कर दिखाया। उसने ख़ुर्रम का विवाह शाह इस्माइल के वंशज मिर्ज़ा मुज़फ़्फ़र हुसैन की पुत्री से कर दिया। विवाह में उत्साह का माहौल नहीं था। रस्म अदायगी मात्र थी। ख़ुद ख़ुर्रम उदास और तटस्थ दिख रहा था। उसके चेहरे पर कतई रौनक़ नहीं थी। दावते वलीमा में भी जोश-ख़रोश नहीं दिख रहा था। स्वयं सम्राट् भी प्रसन्न नहीं दिख रहा था। बधाई का उत्तर अनमने भाव से सिर हिला कर दे रहा था। कहीं-न-कहीं कोई चीज़ उसे कुरेद रही थी और याद दिला रही थी कि उसने सब कुछ ठीक नहीं किया है। कर्तव्य से बँधकर ग़ियासबेग़ और अबुल हसन को भी आयोजन में सम्मिलित होना पड़ा। दोनों उदासीन थे, जैसे प्रसंग में अदृश्य ही हों।

अबुल हसन के घर में उदासी के बादल घिरे हुए थे। एक प्रकार से मातम का वातावरण ही था। कोई खुलकर बात नहीं कर रहा था। केवल क़ाम की गिनती भर बातें हो रही थीं। कामकाज में किसी की कोई दिलचस्पी नहीं दिख रही थी। गहरी साँसें आदत में शुमार हो रही थीं।

यह खबर आख़िर अर्जुमंद तक पहुँचनी ही थी। उसकी सखी सरीखी दासी सतीउननिसा ख़ानम ने ही सूचना दी। ख़ुर्रम का विवाह हुआ जानकर उसका दिल बैठ गया। उसे जैसे साँप सूँघ गया हो। गुमसुम सी कालीन पर बैठ गयी। पीठ दीवान से टिकी थी। सतीउननिसा से ही जैसे आँख मिलाने में उसे कष्ट हो रहा था। यह अपराध जैसे ख़ुर्रम से नहीं, बल्कि उससे ही हो गया हो। वह सगाई और यह शादी! वह बीच में कहीं नहीं है। सगाई की घटना ने पहले ही उसे अनमना और बेचैन कर दिया था। तब सतीउननिसा ने उसे यत्नपूर्वक समझाया था कि मुग़ल हरम के लिए इस तरह के वाक़ये कोई अनोखे नहीं होते। वहाँ इतनी विकृतियाँ और विसंगतियाँ हैं कि गिनते-गिनते उँगलियों की पोरें घिस जायेंगी। वह फ़िक्र न करे। ख़ुर्रम की दिलबस्तगी अभी क़ायम है, जो उसके सिर पर आरजू के लिए सेहरा बँधवा कर रहेगी।

तब अर्जुमंद ने किसी तरह अपने दिल को समझा लिया था, पर निकाह की

ख़बर ने परेशान करके रख दिया। वह गुमसुम सी रहने लगी थी। हिरनी-सी आँखें जैसे निश्चल हो गयी थीं। बात करने से जी चुराने लगी थी। एकान्त में बिसूरती रहती थी। किसी काम में मन नहीं लगता था। नींद के नाम पर आँखें बन्द रहती थीं।

इस परिवर्तन को सब लक्ष्य कर रहे थे। बीच-बीच में कभी दादी, कभी पिता और कभी माँ सान्त्वना दे देते, तो वह हाँ-हूँ करके चुप्पी साध लेती। एक दिन दीवान पर पीठ टिकाये कालीन पर बैठी थी।

—कम-से-कम शाहज़ादे को तो ख़याल रखना था कि आख़िर वे क्या करने जा रहे हैं। सतीउननिसा ने उसका ध्यान तोड़ा।

अर्जुमंद ने गहरी साँस ली। फिर जैसे अवचेतन मन से बोली—इसमें शाहज़ादे का क्या क़ुसूर? सारे फैसले तो बादशाह के हाथ में होते हैं।

—पर साहिबे आलम को कुछ तो ख़िलाफ़त करनी थी। वे शाहज़ादा हैं, कोई मामूली कारकुन नहीं। सतीउननिसा को यह बात चुभ रही थी कि शाहज़ादे ने इस शादी को रोकने के लिए कोई प्रयास नहीं किया।

—सारी मरज़ी एक बादशाह की होती है। शादियाँ उन्हीं के इशारे पर बनती और बिगड़ती हैं। शादी तो क्या, तक़दीरें भी उन्हीं के इशारे पर बनती और बिगड़ती हैं। महल के सारे सरोकार एक उन्हीं पर मुनहसिर हैं। इसलिए किसी को ग़लत बताना फ़िजूल है। अर्जुमंद संयम से काम ले रही थी। उसके मुख से कोई अनुचित बात नहीं निकल रही थी।

—तू परेशान है। तुझे लेकर पूरा घर परेशान है। आरज़ू, ऐसे काम नहीं चलेगा। अपने को सँभाल और ख़ुश रहने की कोशिश कर। सती ने समझाया।

—मेरी समझ में नहीं आ रहा। यह सब मेरे साथ ही होना था। अर्जुमंद अनमने भाव से बोली।

—यह किसी के भी साथ हो सकता था। क़ुदरत के तीर तो लगातार चलते ही रहते हैं। कभी कोई सामने पड़ जाता है, कभी कोई।

—लेकिन मुझे तो लगता है जैसे क़ुदरत मुझे ही आमाजगाह बनाकर तीर चलाने का रियाज़ कर रही है। अर्जुमंद की आवाज़ बहुत धीमी थी, जैसे अपने आप से बातें कर रही हो।

—क़ुदरत और तक़दीर के फेर में सभी आते हैं। सभी अपनी पारी का इंतज़ार कर रहे हैं। तुम इतनी मायूस न हो। बादशाह की यादावरी में ज़रूर एक दिन तुम्हारा नाम उभरेगा। सतीउननिसा ने खुर्मा की तश्तरी बढ़ाते हुए कहा। अर्जुमंद ने मुँह फेर लिया।

—बादशाहों को तनहाई नहीं मिलती। वे भला किसे याद करेंगे!

—शाहज़ादा ज़रूर पछतावे में होंगे। वे अपनी हर करवट में तुम्हें सामने पाते होंगे।

—कौन जाने! जमाने का दस्तूर तो कुछ और ही कहता है। जब बहार आती है, तो भँवरे जो फूल सामने पड़ता है, उसी पर मँडराने लगते हैं। सफ़वी की साहिबज़ादी के हाथों में जो मेंहदी लगी है, उसके नक़्शोनिगार को निहारने में ही उनका सारा वक़्त निकल जाता होगा। उनको अपनी ही ख़बर नहीं होगी, हमारी ख़बर क्या लेंगे! अर्जुमंद ने शिकायत के लहज़े में कहा।

—अपनी मेहर बी कोई कम नखरे नहीं दिखा रहीं! बादशाह उन्हें मलिका ही तो बना रहे हैं, कोई लौंडी तो नहीं। इस पर भी पिघल नहीं रहीं। फिर कोई कमसिन, कुँवारी भी तो नहीं कि इतरायें। सतीउननिसा अब मेहरुन्निसा की ग़लती दिखाने पर उतर आयी।

—उन पर इल्ज़ाम मढ़ना मुनासिब नहीं। फूफी की अपनी मजबूरियाँ होंगी। यह महज़ इत्तिफ़ाक़ ही है कि हमारा नसीब उनके इरादों से टकरा गया। फिर भी मैं उनकी बहुत इज़्ज़त करती हूँ। मैं जैसी हूँ, उनकी ही बनायी हुई हूँ। मैं हमेशा उनकी मश्कूर रहूँगी। इस प्रकार की अभिव्यक्तियों से अर्जुमंद की वाणी में ताज़गी और मिठास का आभास होता था।

—तुझे तो सभी अच्छे लगते हैं! हर कहीं तू कुछ-न-कुछ अच्छाइयाँ खोज लेती है। सबकी तारीफ़ करती रहती है। यदि परहेज़ है, तो सिर्फ़ ख़ुदसिताई से। अरी, ज़िन्दगी में ऐसे मौक़े भी आते हैं, जब आदमी को ख़ुदशनासी का इज़हार करना होता है। सतीउननिसा उसे दुनियादार बनाना चाहती थी।

—यह सब मुझे अच्छा नहीं लगता।

—तभी तो तू भुगत रही है। शाहज़ादे को थोड़ा सा ही सही, तिरछी नज़र की गरमी दिखा देती, तो पिघल जाता। सतीउननिसा ने चुहल की।

—बस, अब बात मत बना। जा देख, अब्बाहुज़ूर आये कि नहीं। आज अपने हाथ से उन्हें ज़र्दा खिलाना चाहती हूँ। अर्जुमंद ने उठने का उपक्रम किया।

—मैं भी यही चाहती हूँ कि तू धूप में आये, वरना यह तनहाई तो तुझे निगल ही लेगी। सतीउननिसा ने उसे हाथ पकड़ कर उठाया और बैठक की तरफ़ ले चली।

अर्जुमंद को लग रहा था कि तनहाई उसकी सबसे अच्छी दोस्त है। वह उसे शाहज़ादे के क़रीब तो रखती है।

ईद का त्योहार नजदीक आ रहा था, किन्तु मेहरुन्निसा के महल में शान्ति थी, एक जड़ता थी, एक ठहराव था। ख़ुर्रम के अन्यत्र विवाह ने उसे व्याकुल कर दिया था। अपराध-बोध से घिरी अशान्त मुद्रा में वह अपने कक्ष में टहल रही थी। मन के आकाश में बादल उमड़-घुमड़ रहे थे। बादशाह ने बदला तो मुझसे लेना चाहा, लेकिन उसका असर अर्जुमंद पर पड़ा। उनका गुस्सा तो मुझ पर था, क़हर उस मासूम लड़की पर टूटा। चाहे कुछ भी करना पड़े, मैं आरज़ू को टूटने नहीं दूँगी। उसके हाथों पर ख़ुर्रम के नाम की मेंहदी ज़रूर लगेगी।

मेहरुन्निसा ख़यालों में डूबी हुई थी। पूरे वाक़या का मरक़ज़ मैं ही रही हूँ। बादशाह को जिस हद तक खींच सकती थी, उससे कुछ अधिक ही खींच लिया। शायद इसीलिए उनकी नाराज़गी की नौबत आयी। बादशाह आशिक़ हो गया था, लगभग सितमगिर्वीदा-सा। मैंने उसे चुनौती दी और निशाना ठीक लगा भी, लेकिन बादशाहत बीच में आ गयी। तब कुर्बानी मुझे देनी थी, पर देनी पड़ी आरज़ू को। उसे मेरी सबसे अज़ीज़ भतीजी होने की सजा भुगतनी पड़ी।

मेहरुन्निसा अपने कमरे में निरन्तर चक्कर लगा रही थी। बेचैनी पदचाप बनकर साथ चल रही थी। फिर वह एक निश्चय पर पहुँची कि शाहंशाह से भेंट किया जाय। ईद का पवित्र त्योहार निकट है। यही मुनासिब दिन है। उसने अपनी कनीज़ नीलोफ़र को बुलाया और आदेश दिया कि ईद के दिन बादशाह से मुलाक़ात का वक़्त मुक़र्रर करने की कोशिश करे। मन में शंका ज़रूर थी। पता नहीं बादशाह मुलाक़ात का मौक़ा देता भी है कि नहीं।

उसे हैरानी हुई, जब दूसरे दिन नीलोफ़र ने सूचना दी कि बादशाह ने ईद के दिन दोपहर का वक़्त मुलाक़ात के लिए मुक़र्रर किया है।

ईद के दिन दोपहर ठीक बारह बजे मेहरुन्निसा सम्राट् के महल में पहुँची। दासी ने उसका स्वागत किया और उसे बादशाह के निजी कक्ष में पहुँचा दिया। बादशाह भव्य दीवान पर बैठा था। मेहरुन्निसा ने तीन बार कोर्निश की। फिर मधुर स्वर में बोली—जिल्ले सुब्हानी को ईद मुबारक़ हो। अल्लाह आपको उस शबाब से नवाज़े, जो सिर्फ़ फ़रिश्तों को नसीब होता है।

—ईद तुम्हें भी मुबारक़ हो। बादशाह ने उड़ती नज़रों से उसे देखा और देखता रह गया। मेहरुन्निसा अपूर्व आराइश में थी। शृंगार, परिधान और आभूषणों के परिणामी मेल ने उसमें स्वर्ग की अप्सरा का भ्रम भर दिया था। उसके मुख पर पड़ी हुई हलकी गुलाबी चुनरी इतनी झीनी थी कि चेहरे की दमकती सुनहरी आभा झिलमिलाती हुई बेरोकटोक उससे बाहर आ रही थी। सौन्दर्य के इस इन्द्रजाल ने बादशाह की आँखों को वहाँ ठहरने के लिए विवश कर दिया।

कुछ देर खामोशी रही। मेहरुन्निसा को लगा कि पहल उसे ही करनी होगी। वाणी में विशेष मिठास घोल कर बोली—आलीजाह मुझसे नाराज़ हैं?

—क्यों कर भला?

—पिछली बार की भेंट में मैंने आपके साथ बड़ी गुस्ताख़ी थी। वह माफ़ी के काबिल नहीं है। मुझे इस पर बेहद पछतावा और रंज है। मेहरुन्निसा ने सफाई दी।

—हुँ।

—यह सारी सल्तनत आलमपनाह की फ़राख़दिली पर क़ायम है। रहती दुनिया तक फ़लकजनाब की फ़ैयाज़ी की दास्तान जमाने की ज़ुबान पर रहेगी। मेहरुन्निसा ने सम्राट् की शान में रस्मी क़शीदा पढ़ा।

—जहाँगीर मुस्करा दिया। दो कदम आगे बढ़कर बोला—क्या चाहती हो?

—अलप अर्सलाँ की क़दमबोसी—गर कि सितारों ने नसीब को सँवारा हो! काश कि नुजूमी से मशविरा लेकर आती! यह क़नीज़ उस रास्ते पर अपनी आँखों की पुतलियों को बिछाना चाहती है, जिस रास्ते पर आलीक़द्र के क़दम पड़ते हों। शरीर को विनम्रता के साथ सामने की तरफ झुका कर वह शक्करशिकन आवाज़ में बोली।

—मैं तुम्हारी दिलावेज़ राहोरविश का क़ायल हूँ,लेकिन मुझे तुम्हारे देराश्ना सुभाव से शिकायत है। जहाँगीर नरम पड़ा। उसने मेहरुन्निसा की पहल पर उसकी तरफ पहला कदम बढ़ाया।

—मख़्दूमी! कलियाँ भी अजनबी भँवरों के सामने यकायक चटकने से इंकार कर देती हैं। यह कहते हुए मेहरुन्निसा ने सिर इस अंदाज़ से हिलाया कि चुनरी एक झटके में चेहरे से पूरी तरह हट गयी। शरद पूर्णिमा की सम्पूर्ण विभा एक मंडल में झक से झिलमिला उठी। जहाँगीर अवाक् देखता रह गया। दूसरे ही क्षण 'या अल्लाह' कहती हुई मेहरुन्निसा ने पीठ फेरते हुए ओढ़नी को सिर पर सँभाला। जहाँगीर ने देखा कि राका-शशि को बलाहकों ने फिर ढक लिया है।

—गुस्ताख़ी माफ़ हो, आलीजाह। मेहरुन्निसा लज्जा से सजे स्वर में बोली।

—ऐसी गुस्ताख़ियाँ दिलावेज़ होती हैं, मेहर। माबदौलत इन्हें दोहराने की इजाज़त देते हैं।

—ख़ता माफ़ हो, आलमपनाह, बाँदी इस हुक्म को बजाने से इंकार करती है। मेहरुन्निसा ने पीठ किये हुए ही अधर-दंश से मुस्कान को कुतरते हुए कहा।

—शायद तुम्हें अदूले हुक्म के नतीज़े का अंदाज़ नहीं है। बादशाह ने विनोद को रौब की चाशनी में पागते हुए कहा।

—इस नाचीज़ के गले को जल्लाद की रस्सियों का ख़ौफ़ नहीं है, जहाँपनाह। इसके लिए हुज़ूर की मेहरबानी की रेशमी डोर ही काफ़ी है। मेहरुन्निसा ने समझ लिया कि सम्राट् में आसक्ति का ज्वार एक बार फिर ठाठें मारने लगा है।

—तुम्हारी गुस्ताख़ियाँ बढ़ती जा रही हैं, मेहर। एक तो मेरी इजाज़त के बिना मेरी बैठक को माहताब से रोशन कर रही हो और दूसरे मेरी तरफ पीठ करके खड़ी हो। जहाँगीर की तुनक में बनावटी शिक़ायत की गमक थी।

—इस गुस्ताख़ी का भी एक सबब है, आलीक़द्र। हुज़ूर की नाज़ुक बीनाई के लिए माहताब की रोशनी नाक़ाबिले बरदाश्त है। मेहरुन्निसा के कथन में एक हल्का सा तंज़ था।

—एक जमाने से दुनिया यह मानती आयी है कि दानिशमंदी और खूबसूरती में सहज बैर है। तुम्हें देखकर मालूम होता है कि जिस औरत में इन दोनों का कुदरती मेल हो, उसके सामने ताजदारों के हाथ भी कश्कोल की मानिन्द पसर जाते हैं। जहाँगीर ने दोनों हथेलियों को सामने उठाकर खोलते हुए कहा।

—सद्शुक्रिया, आलीजाह! यह बाँदी इस एहतिराम के क़ाबिल नहीं।

—अब इतनी क़द्रदानी तो मुझमें है। बादशाह फ़ितरती तौर पर जौहरशनास माने जाते हैं, क्योंकि रत्नों से खेलते उनकी ज़िन्दगी गुज़र जाती है। अब एक रत्न सामने है, तो उसे ठीक से परखना पड़ेगा न! पर अफ़सोस कि उस पर परदा पड़ा हुआ है। यदि रुख़ से निकाब हटा सको, तो कुछ बात बने। जहाँगीर धीरे-धीरे वैयक्तिक होता जा रहा था। अपनी बात के अंदाज़ को उसने जानबूझकर आत्मीय बनाने की कोशिश की।

—रूनुमाई की भी एक रस्म होती है, जहाँपनाह!

—वह रस्म भी निभाने को तैयार हूँ मैं। इस बुते माहविश की मुँह दिखाई के लिए तो शायद हमारी सल्तनत भी कम पड़े! जहाँगीर आसक्ति की उस सीमा में पैर रख चुका था, जहाँ औचित्य की तमीज़ करना कठिन होता है।

—अच्छा तो जिल्ले सुब्हानी मेहर के नाम पर सल्तनत को भी रक़म करने को तैयार हैं। मेहरुन्निसा ने शोख़मिज़ाज का सहारा लेकर बादशाह से ही उनके प्रस्ताव की पुष्टि कराने का यत्न किया।

—बिलाशक! रक़म किया। जहाँगीर हँस पड़ा। फिर पूछा—कोई शक? कोई शुबहा?

—नहीं अदलपर्वर! पूरा एतबार है। क़नीज़ को अच्छी तरह मालूम है कि आलीजाह को यादफ़रामोशी से सख़्त नफ़रत है। उन्हें अपने वादे को ताक़े निस्याँ में रखने से पूरी तरह गुरेज है। इस बार मेहरुन्निसा की खनखनाहट कुछ मुखर हुई। फिर बोली—हुज़ूर इज़ाजत दें, तो वालिदैन के घर रुख़ करूँ। इस बार चाँद को पाने के लिए तो सूरज को ही आना पड़ेगा। नहीं क्या, सरकार?

—यक़ीनन! बादशाह ठठा कर हँसा।

—तो क़नीज़ की इल्तिज़ा है कि आलीजनाब सेहरे पर सूरज बाँधकर लायें और अपनी चाँदनी को ले जायें। मेहरुन्निसा की धड़क पूरी तरह खुल गयी थी। वह जैसे साफ़-साफ़ अपनी शर्तों के पत्ते खोल रही थी। वह कदापि नहीं चाहती थी कि महल के किसी एकान्त कोने में क़ाज़ी के सामने 'क़ुबूल है' का जुमला कहकर शादी की रस्म अदायगी करे। बादशाह को ऐलानिया बारात लेकर घर आना होगा और सम्मानपूर्वक उसे पत्नी के रूप में स्वीकार करना होगा।

—ऐसा ही होगा। सम्राट् ने स्वीकृति दी।

—तब यह क़नीज़ बेसब्री से उस दिन का इंतज़ार करेगी। मेहरुन्निसा ने यह कहते हुए तीन बार कोर्निश की। वह पीछे हटते हुए मुड़ने ही वाली थी कि रुकी और बोली—सरकार मेरे इंतज़ार को लम्बा न करायें, वरना अर्जुमंद की बेबसी और बेचैनी मेरे ज़ेहन में भी उतर आयेगी।

-उफ़! वह लड़की!...कुछ फ़ैसला करूँगा। बादशाह ने जैसे कुछ याद किया, किन्तु फिर भी फ़ैसले को भविष्यकालिक क्रिया की गोद में डाल दिया।

पाँच

राजमहल में जो घटनाक्रम चल रहा था, उसका सीधा असर अर्जुमंद पर पड़ रहा था। वह सीधी-सादी, भोली किशोरी अभी यौवन की देहलीज पर पायल की पहली झंकार ही पैदा कर पायी थी कि महलसरा की पेचीदियों ने उसके भविष्य को उलझा कर रख दिया था।

वह दरीचे से सिर टिकाये खड़ी थी। सामने उद्यान का मनोहारी परिदृश्य था। बड़े, मझोले और छोटे पौधे क्रम से लगाये गये थे, जिनमें कुछ फूलवाले थे और कुछ केवल पत्तियों की शोभा वाले। वातास की हिलोर के साथ पुष्प-गंध वातावरण में तैर जाती थी और महल के कमरों को बरबस दिलकश अंदाज़ में महका देती थी। उद्यान की व्यवस्था मेहरुन्निसा के निर्देशन में की गयी थी। नियति ने उसे उस दिव्य सौन्दर्य से विभूषित किया था, जो संसार में दुर्लभ था। अर्जुमंद बिल्कुल उसकी दर्पण-छाया सी लगती थी। ऐसा लगता था, जैसे उस अदृश्य मूर्तिकार ने सौन्दर्य-सामग्री से एक प्रतिमा बनायी, जिसे मेहरुन्निसा नाम मिला। कुछ सौन्दर्य-सामग्री बच गयी, तो उसे बरबस दूसरी प्रतिमा बनाना पड़ी और इस प्रतिमा को अर्जुमंद नाम मिला। दोनों जब कभी उद्यान में फूलों की क़तार के बीच होतीं, तो पुष्पांगना-सी प्रतीत होतीं।

जिस फूफी ने उसके बचपन और कैशोर्य को इस्लामी और हिन्दुस्तानी संस्कृति के उच्चतम मूल्यों से सँवारा था, और इस्लाम की उदात्त विरासतों से समृद्ध किया था, वही फूफी अपने हठ को हथियार बनाकर उसके भविष्य के द्वार को रोक कर खड़ी थी। अर्जुमंद के मन में खिन्नता तो थी, किन्तु उनके प्रति किसी प्रकार की शकराब नहीं थी। वह भोली-भाली मोम की गुड़िया थी। उसने सदैव रोशनी की लक़ीर पर चलना सीखा था और आगे भी सदाक़त के समनज़ार रास्ते पर चलना चाहती थी।

इस बीच सतीउननिसा कमरे में दाख़िल हुई। थी तो क़नीज ही, पर अर्जुमंद उसे सखी ही मानती थी। आयु में पाँच-सात साल बड़ी थी। अर्जुमंद की बाल्यावस्था से ही वह उसके देखभाल की जवाबदारी वहन कर रही थी। मझोले क़द की सामान्य नाक-नक़्श की यह अदाशनास नवयुवती परिस्थिति के अनुसार अपने को ढालने में माहिर थी। अर्जुमंद के व्यक्तित्व को तराशने में उसकी अहम भूमिका रही थी। अर्जुमंद उसे सती कह कर बुलाती थी।

आते ही बोली—सुना तुमने, कल फूफीजान आ रही हैं।

—फूफीजान! अच्छा! तब तो खूब मज़ा रहेगा। अर्जुमंद रुकी। फिर वाणी पर गंभीरता का आवरण चढ़ा कर बोली—इस बार यहाँ आने की छूट कुछ जल्दी ही मिल गयी। कोई ख़ास बात लगती है।

—बादशाह सलामत के तेवर के बारे में कुछ तो पता चलेगा। कुछ नज़रे इनायत हो, तो इस घर में बहार आये। सतीउननिसा के कथन में विनोद का पुट था।

—नज़रे इनायत किसकी?बादशाह की फूफी पर या कि फूफी की बादशाह पर! अर्जुमंद की जिज्ञासा में विनोद का उत्तर विनोद से था।

—मैं तो बस इतना चाहती हूँ कि वह मौक़ा जल्द आये, जब दुनिया हमारी आरजू पर सलमे-सितारे वार सके। सतीउननिसा में उमंग अवश्य थी, पर उत्साह की चहक नहीं थी। वह अच्छी तरह जानती थी कि इस प्रकरण को अनुकूल हवा देने में इस परिवार की कोई भूमिका नहीं है।

—जब भी फूफीजान के आने की बात सुनती हूँ, जी मचल उठता है। वे कितनी दानिशमंद हैं, कितनी ज़हीन हैं। उनमें खूबियाँ-ही-खूबियाँ हैं। उन्होंने मुझे जाने कितनी चीज़ें सिखाई हैं। वे एक मुक़म्मल औरत हैं। अर्जुमंद उसे अपना आदर्श भी मानती थी।

—यह तो है, पर तू जो बाबुल की देहलीज से बँधी है,इसकी मूल जड़ तो वही हैं न! अरे,, एक छोटी सी 'हाँ' की ही तो बात है। सतीउननिसा ने हँसी में यह बात कही। वह अच्छी तरह जानती थी कि बादशाह बदले की भावना से काम कर रहा है और उसने अर्जुमंद के निकाह को मेहरुन्निसा के निकाह से जोड़ रखा है।

—शौहर की सरपरस्ती का दूर होना, उसको सहना, भोगना और उसके बिना हर दिन तिल-तिल जलते हुए जीना सहल नहीं है। वक़्त के दहकते शरारों ने उन्हें बुरी तरह झुलसा दिया है। दोनों दुनिया की कोई भी नियामत ऐसी औरत को सुकून नहीं दे सकती। अर्जुमंद कई बार अपनी फूफी को ज़ारज़ार रोते देख चुकी थी और उसके हौलनाक ग़म में शरीक़ हो चुकी थी। उसमें सबको अपने समान देखने की आदत थी। दूसरों के सुख-दुःख उसके चित्त पर तत्काल प्रभाव छोड़ते थे।

—तुम्हारी कुछ बातों से इत्तफ़ाक़ रखती हूँ, कुछ से नहीं। वे ग़मगीन ज़रूर हैं, पर जरा हिसाब से। सतीउननिसा जमानासाज़ औरत थी। अपनी चुनरी के छोर को तर्जनी में लपेटते हुए बोली—तू बहुत नादान है। तूने सिर्फ़ सीधी लकीर पर चलना सीखा है। ज़िन्दगी के रास्ते बहुत टेढ़े-मेढ़े होते हैं। फिर ज़िन्दगी सियासी हो, तो वह और उलझाव भरी हो जाती है, तिलिस्म की मानिन्द कि समझना भी मुश्क़िल, जूझना भी मुश्क़िल और निकलना भी मुश्क़िल।

—तेरी जुबान में सियासत का ज़हर भरा है। जब बोलती है, तब आग उगलती है।

—यह ज़हर तो तुझे भी पीना पड़ेगा, बन्नो! जब से अर्जुमंद की सगाई हुई थी, सतीउननिसा उसे कभी-कभी इसी संबोधन से चिढ़ाया करती थी। आगे बोली—तुझमें और फूफी में बड़ा फ़र्क है।

—वे मुझसे ज़्यादा ज़हीन और दानिशमंद हैं।

—और ज़्यादा खूबसूरत भी!

—चलो यह भी मान लेते हैं। इसे लेकर मैं किसी मुग़ालते में नहीं हूँ। वे अपने

को जितना सहेज कर, सजाकर, सँभाल कर रखती हैं, शायद ही कोई औरत वैसा अपने को रख सकती हो। इसीलिए सुबह हो, शाम हो, दिन हो कि रात हो, वे हमेशा गुलाब के फूल सी ताज़ा और रातरानी की मानिंद महमहाती नज़र आती हैं। वे सुबह सो कर भी उठती हैं, तो लगता है कि सिंगार करके जागी हैं और रात को सोने जाती हैं, तो लगता है ख़्वाब में किसी महफ़िल को सजाने का इरादा है। वे सरोबुन इत्र से नहाई मल्लिका लगती हैं। उनके उठने-बैठने, चलने-फिरने यानी कि हर हरक़त में वह मसीहाई अंदाज़ है, जो देखने वालों में जान फूँक देता है। अर्जुमंद एक लय में मेहरुन्निसा के गुणों का बखान कर रही थी, जैसे वह सामने खड़ी है और अपने गिर्द बयान को आमंत्रित कर रही है।

—एक बात कहूँ। ये जो सारी बातें तू कह रही है, वह सब आइने को देख कर कह रही है। यदि ये सारी बातें मेहर बीबी में हैं, तो यक़ीनन तूने भी इन्हें खूब सीख रखा है। इस बाबत तुझमें और मेहरुन्निसा में कोई फ़र्क़ नहीं है।

—अच्छा, तेरे पास कोई पैमाना है, जिससे तू सब की नाप-जोख कर लेती है! फूफी के बारे में इतना और कहूँगी कि किसी एक औरत में इतनी खूबियों का होना एक अलग क़िस्म की घटना है।

—तभी तो बादशाह का दिल वह अपनी मुट्ठी में लिये हैं और मुट्ठी को और ज़्यादा, और ज़्यादा कसती जा रही हैं। वे बिचारे आह भी नहीं कर सकते कि लोग क्या कहेंगे! बस मिन्नतें करते रहते हैं—हाँ कर दो मेहर, हाँ कर दो मेहर! सतीउननिसा ने एक प्रकार से बादशाह की नक़ल उतारते हुए नाटकीय ढंग से बात कही।

उसकी बात सुनकर अर्जुमंद हँसी से दोहरी हो गयी।

—आरज़ू, जरा सुन। मेहर बी को भोली मत समझना। वह एक बड़ा खेल, खेल रही हैं। वह अपने परीजमाल हुस्न का पूरा लाभ उठाना जानती हैं। वह बार-बार मजबूती के साथ 'न' इसलिए कर रही हैं, ताकि बादशाह हुज़ूर को अधिक-से-अधिक अपनी ओर झुका सकें। और जब उन्हें लगेगा कि रबर को आख़िरी हद तक ताना जा चुका है, तो वह एक कमसिन शोख़ अदा के साथ झम्म से 'हाँ' कर देंगी।

—तेरे दिमाग़ पर जाने क्या-क्या फ़ितूर सवार रहता है। बात को कहाँ से उठाती है और कहाँ तक खींच कर ले जाती है। मुझे यह सब अच्छा नहीं लगता। अर्जुमंद की तुनुक में भी एक मिठास हुआ करती थी। उसका बात करने का गुलरेज़ अंदाज़ सबका ध्यान सहज ही अपनी ओर खींच लिया करता था।

—तुम अभी मानो, न मानो, बन्नो, पर कल तो हक़ीकत सामने आकर रहेगी। वह दिन दूर नहीं जब मेहरुन्निसा बेगम शाही हरम में खुस्रवाना शान से दाख़िल होंगी। मेंहदी छुटायेंगी, कंगन उतारेंगी ताकि शाही मुहर पर अपनी पकड़ मजबूत कर सकें। सतीउननिसा एक मँजी हुई सियासतदाँ की तरह निष्कर्ष निकाल रही थी।

—किस बुनियाद पर यह सब कहे जा रही है। निकाह का पता नहीं और तू

बन्ना-बन्नी गाये जा रही है।

—मुझे तुम्हारी फ़िक्र है। निकाह नहीं हुआ, तो फ़िक्र है। हो जायेगा, तो फ़िक्र रहेगी। पता नहीं, राजमहल में तू किस तरह रहेगी।

—निक़ाह के बाद मैं अपने साथ तेरी भी बिदा करा लूँगी। फिर हम साथ-साथ रहेंगे। मुझे तेरी कमी नहीं खलेगी। अर्जुमंद ने उसके प्रति अपनी भावनात्मक निर्भरता दिखाई। तभी कनीज़ ने आकर सूचना दी कि मेहर बेगम तशरीफ़ लायी हैं। अर्जुमंद बिजली की तरह उठी और तेज तरंग की मानिन्द बाहर को भागी। सतीउननिसा वहीं खड़ी रह गयी। उसके माथे पर बल पड़ गये।

मेहरुन्निसा घर में आयी, तो जैसे हर्ष की मणिराजि बिखर गयी, जैसे रात भर के बन्द दरीचे प्रातः एकाएक खुल गये हों और बासन्ती बयार ने एक झोंके के साथ प्रवेश कर वातावरण को सुगन्ध से सरशार कर दिया हो। उसके ख़ुशख़ल्क़ व्यवहार के सभी कायल थे। साथ में वह किशोर वय की अपनी बेटी लाडली को भी साथ लेकर आयी थी। लड़की के नाक-नक़्श तीखे थे। नाक नुकीली और कुछ उठान लिये हुए थी। बहुत गोरा रंग। घुँघराले काले केश मोतियों की लड़ से सँवारे हुए। अर्जुमंद ने उसे अपने पास बिठा लिया। भेंट की औपचारिकताओं और रस्म-अदायगी के बाद बातों का सिलसिला शुरू हुआ। इधर की बात हुई, उधर की बात हुई और जैसा कि विगत लम्बे अरसे से हो रहा था कि बात उस रस्साक़शी पर आ पहुँची, जिसकी एक छोर पर सम्राट् थे और दूसरी छोर पर मेहर खड़ी थी।

—इस बार कितने दिनों के लिए क़ैदख़ाने से छोड़ा है? अब्करी बेगम ने सवाल दागा।

मेहरुन्निसा ने भाभी की तरफ देखा और लगभग हँसती हुई बोली—थोड़े वक़्त के लिए। फिर उसने अर्जुमंद को अपनी बाँहों में समेट कर उसका माथा चूमा। अर्जुमंद इसे आशीष जानकर पुलकित हो गयी। उसने अपना सिर फूफी के बायें कन्धे पर टिका दिया।

फिर खान-पान का सिलसिला चला। उसके बाद बैठक में महफ़िल भी सजी। घर के सारे सदस्य मेहरुन्निसा को घेर कर बैठ गये। लाडली बेगम अब्करी बेगम की गोद में सिर रखकर सो गयी थी।

बात का सूत्र अस्मत बेगम ने हाथ में लिया—मुझे तो रात-दिन इस आरजू की फिक्र बनी रहती है। न ब्याह में है, न कुँवारेपन में। मैंने ज़िन्दगी में ऐसी सगाई नहीं देखी कि दिन, मास और बरस निकल जायें और बारात की धूम का पता ही न हो।

मेहरुन्निसा ने चुटकी ली—अम्मीजान, पोती की शादी है। जरा सब्र करो। जब बड़ा सौदा किया है तो मोल भी तो बड़ा ही चुकाना पड़ेगा न!

—लो मेहर बीबी! यह भी खूब कहा। हमारे ज़माने में सगाई और निक़ाह में ज़्यादा फ़ासला नहीं होता था, जैसे दोनों एक ही रस्म के हिस्से हों। अब्करी बेगम ने

अपने अतीत में झाँकते हुए कहा।

—आपको तो सिर्फ़ अपनी बेटी की ही फ़िक्र है। कुछ बादशाह की भी फ़िक्र करें। समूचे हिन्दुस्तान के ताजदार की एक मामूली तमन्ना भी आप लोग पूरी नहीं कर सकते, तो फिर मुग़ल सल्तनत के सिपहसालार और झंडाबरदार किसलिए बने हैं! मेहरुन्निसा का मिज़ाज आज खुशफ़हम था।

—एक शादी के लिए कोई दूसरी शादी की शर्त होगी, इस पेंच का तो हमें इल्म भी नहीं था। आरजू की नाक़दखुदाई हमारे सिर की बला बन गयी है। अस्मत बेग़म ने सिर पर किसी बड़े बोझ होने का अभिनय किया। फिर रुककर बोली—इस मुसीबत की जड़ तुम्हीं हो। मैंने ज़िन्दगी में एक ही औरत देखी, जिसे ताजोतख़्त इस क़दर नापसंद हो। अरे, जरा सी 'हाँ' कर देती, तो जन्नत के दरवाजे न खुल जाते।

—कौन हम दोज़ख़ में पड़े हैं। लेकिन आप कहें तो हम 'हाँ' कर दें। मेहरुन्निसा हँस पड़ी।

—आप कौन हमारे कहने में हैं, वरना हम तो कब से मिन्नतें कर रहे हैं। अब्करी बेगम ने क़िमाम का बीड़ा बढ़ाते हुए कहा।

—आप हुक्म तो करें!

—चलो, मैं हुक्म करती हूँ। अस्मत बेगम ने ठस्से से कहा।

—तो देखिये मैं 'हाँ' कर रही हूँ।

—हाँ-हाँ, जरा देखें तो कैसे करती हैं! अब्करी बेगम इसे मज़ाक समझ रही थीं।

मेहरुन्निसा उत्तर देते-देते रुकी। उसके कपोल रक्ताभ हो उठे। मुसकान चेहरे पर चमक बन कर फैल गयी। फिर एक खनखनाती हँसी के साथ बोली—तो फिर कहा लो, हाँ! हाँ!! हाँ!!!

—या इलाही! यह क्या!! यह मेहर बी, आप कह रही हैं! क्या सच में हम इसका यही मानी निकालें? अब्करी बेगम हैरान थीं।

मेहरुन्निसा मुँह में आँचल को दबाकर बेसाख़्ता हँसे जा रही थी।

लोगों को लगा कि यह क्या हो गया। अविश्वास की गोद में बैठकर विश्वास ने साँस ली। एक खुशतरीन खुशबू से फ़िज़ा सराबोर हो गयी। अर्जुमंद का मन-मयूर नाच उठा। अस्मत बेगम को विश्वास नहीं हुआ कि कोई असम्भव सी बात सम्भावना की देहलीज पर घुटने टेक सकती है। अबुल हसन और ग़ियासबेग़ ने अपनी हैसियत के आयामों को सब तरफ़ से बढ़ते हुए देखा। आख़िरकार मेहरुन्निसा ने बादशाह से शादी के लिए अपनी रज़ामंदी दे ही दी।

विवाह की तैयारियाँ प्रारम्भ हो गयीं। मेहरुन्निसा बहुत सुघड़ थी। उसके पास वस्त्राभूषणों की अच्छी समझ थी। उसने न केवल अपने लिए, अपितु घर भर के लिए विवाह की आवश्यकताओं को दृष्टि में रखकर तैयारियाँ करवाईं। यद्यपि यह उसका दूसरा निकाह था, लेकिन तैयारी इस तरह हो रही थी, जैसे पहली शादी हो। फिर जब

बादशाह दूलहा के रूप में आने वाला हो, तब कहीं कोई कोर कसर शेष न रहे, इसका ध्यान रखना आवश्यक था। राजमहल से नायाब तोहफे, वस्त्राभूषण आये थे। आभूषणों में रत्नों और रत्नजटित नगों की भरमार थी। हीरों, माणिक्यों, मोतियों और पन्नों की अद्वितीय कारीगरी नेत्रों को चकाचौंध कर देती थी।

बैशाख माह की एक चढ़ती रात में बारात की आवभगत, निकाह की रस्म और स्वागतभोज के कार्यक्रम धूमधाम से सम्पन्न हुए। जहाँ बादशाह खुद नौशा बना हो, वहां ऐश्वर्य और वैभव की क्या कमी हो सकती थी! दोनों ही पक्ष एक दूसरे से परिचित थे, उनमें बहुत सी आपसी रिश्तेदारियाँ भी थीं और कई बार बारातियों और घरातियों में भेद करना भी मुश्क़िल हो रहा था। शाम होते-होते आयोजनों का सिलसिला समाप्त हुआ। सूर्यास्त के लगभग चाँदी पर सुनहरे कामों वाली रत्नजटित पालकी में मेहरुन्निसा को लेकर बारात एक जुलूस की शक़्ल में बिदा हुई। अंगरक्षकों के बीच बादशाह जहाँगीर हाथी के स्वर्णिम हौदे पर सवार होकर चला।

शाम को जब सूर्य ने अपनी रक्तवर्णी किरणें समेट लीं, तब उसी के साथ अबुल हसन के घर की गहमा-गहमी ख़त्म भी हो गयी। विवाह का झूम-झपाटा समाप्त हुआ। वातावरण में एक रिक्तता पैदा हो गयी। कुछ चुने हुए मेहमान रह गये थे, जिनके ठहरने की अनुकूल व्यवस्था थी। घर के सदस्य आयोजन की समीक्षा में लगे थे।

अर्जुमंद अपने कमरे में आयी। क़नीज़ सतीउननिसा फ़र्श पर बैठते हुए बोली—आरजू, अब तो खुश हो न!

—हुँ! अधलेटी आरजू की दृष्टि छत पर लगी थी।

—इंशा अल्लाह! अब तुम्हारे दुलहन बनने में अधिक देर नहीं है।

—हुँ!

—यह डर ज़रूर सताता है कि राजमहल के बाशिंदों की वज़ह से कोई नयी पख न लग जाये। खुदा ख़ैर करे। सती बहुत दिनों से अर्जुमंद की शादी के लिए बहुमूल्य वस्त्रों का जोड़ा तैयार कर रही थी। ओढ़नी को हाथ में लेकर चाँदी के सलमा-सितारे टाँकने लगी। वह कभी खाली नहीं बैठती थी। अर्जुमंद को भी हमेशा व्यस्त रहने की सलाह देती।

—फूफीजान के वहाँ पहुँच जाने से ज़रूर राहत महसूस हो रही है। उन्होंने बिदाई के वक़्त कान में फुसफुसा कर कहा था कि तुझे जल्दी बुला लूँगी। अर्जुमंद ने सिलायी के वस्त्रों पर हाथ फेरते हुए कहा।

—तेरी शादी के दान-दहेज की तैयारी तो पूरी हो चुकी है। भला अब्बाजान से दहेज में अपनी ओर से भी कुछ माँगेगी! सतीउननिसा की आँखों में चुहल थी।

—मुझे क्या माँगना है? सब कुछ मिल रहा है। जो मिलेगा, उसकी भी शाही महल में भला क्या वक़त होगी! अर्जुमंद इस बाबत अनमनी थी।

—पर एक चीज़ तो माँग ही ले!

—वह क्या?

—मुझे।

अर्जुमंद नहीं समझी। फिर एकाएक सतीउननिसा की अंतरंगता का संकेत समझ कर चौंक पड़ी और उसके गले से लिपट कर रो पड़ी।

सतीउननिसा की आँखें भी भर आयी थीं। भरे गले से बोली—मैं तुझे वहाँ अकेला नहीं छोड़ सकती, बन्नो। कोई तो तुम्हारे क़रीब हो, जो वहाँ और यहाँ के बीच रब्तो-जब्त क़ायम रख सके।

—अपनी इन बातों की मंशा तू ही जान। फिर शोख़ी का हलका सा मेल कर मद्धिम स्वर में बोली—कुछ साहिबे आलम का तो जिक्र कर!

—अब सिर्फ़ तज़किरा से काम नहीं चलने वाला! कुछ रूबरू हो तो काम बने। उन्हें ख़्वाब में आने की दावत देकर आँखें बन्द कर ले और दिल के दरपन में दीदार कर ले।

—तो ले, मैं अपनी आँखें बन्द करती हूँ और सपनों की दुनिया में पहुँचती हूँ। इत्मीनान से लेटते हुए उसने अपनी पक्ष्मल आँखें बन्द कीं और अलंकृत हथेलियों से मुख को ढाँप लिया, जैसे सुनहरे पद्‌म को नन्हीं पारदी पुरइनों ने घेर लिया हो।

छह

नफ़ीरी और आतिशबाज़ी के राग-रंग में डूबी हुई बारात वापस शाही महल में आयी। उस रात हौज़ख़ास को रोशनी में नहलाया गया था। पुरजन, परिजन और स्वजन सभी रहस-लीला में अनुरंजित थे। और भी शाही बारातें निकलीं थीं, और भी शादियों की धूम हुई थी, किन्तु यह अभूतपूर्व थी। सम्राट् पहले भी कई बार दूलहा बन चुका था, किन्तु इस बार उसकी सजधज कुछ अलग ही थी। उसकी हर भाव-भंगिमा से जैसे रस का सोता छलक रहा हो।

दूसरे दिन दरबार लगा। नववधू के स्वागत में तोपें दागी गयीं। वाद्य-वृन्द से आकाश गुंजायमान हो रहा था। सम्राट् अपनी पूरी शान-शौकत के साथ सिंहासन पर विराजमान था। पद की गरिमा के अनुकूल अधिकारी निकटता और दूरी बनाकर खड़े थे। राजकुमार खुर्रम दायीं ओर एक भव्य सिंहासन पर आसीन था। कमख़ाब की रत्नजटित चिलमन के पीछे राजसी महिलाएँ बैठी थीं। उन्हीं के बीच मधुमासी सौन्दर्य की आभा बिखेरती आभिजात्य और गरिमा की प्रतिकृति नवल वधू आसीन थी।

चारणों ने राजसी उपाधियों के साथ सम्राट् का स्तवन किया। सभासदों ने निर्धारित शिष्ट मुद्रा ग्रहण की। सम्राट् ने सुनिश्चित पश्चद्वार से प्रवेश किया, सिंहासन

के सामने आया, एक बार सब ओर दृष्टि डाली और आहिस्ता से बैठ गया।

सभासदों ने 'मुबारक़ हो,' 'मुबारक़ हो,' की हर्षध्वनि के साथ बादशाह को बधाई दी। उपहारों की भेंट का क्रम प्रारम्भ हुआ। सम्राट् भेंट को हाथ से छू-छूकर स्वीकृतिसूचक संकेत देता रहा। फिर जयोच्चार के बाद उसने सभी अधिकारियों, सिपाहियों और नौकरों को एक माह के वेतन के बराबर बख़्शीश देने की घोषणा की। साथ ही ऐलान किया कि मस्जिदों के वक़्फ़ में दोगुना इजाफ़ा किया जाता है। बादशाह ने अबुल हसन के जात में बढ़ोत्तरी की, उन्हें दरबारे ख़ास का सदस्य नामजद किया और 'एतमाद ख़ाँ' के ख़िताब से नवाज़ा। उन्होंने ग़रीबों, पीरों, अपाहिजों और अक़ीदतमंदों की मदद के लिए एक बड़ी धनराशि का कोश बनाने की घोषणा की।

तदुपरान्त सम्राट् खड़ा हुआ। उसने उत्कर्ण सभासदों के मध्य मन्द स्वर में घ्रोणा की—मबदौलत माहताबे-जहाँ बेगम मेहरुन्निसा के लिए मलिका-ए-हिन्दुस्तान का लक़ब क़रार देते हैं और उन्हें बाइज़्ज़त 'नूर-ए-महल' का ख़िताब अता करते हैं। सभाकक्ष देर तक दरबारियों के 'मरहबा' 'मरहबा' तथा 'आलमपनाह ज़िंदाबाद' के उच्चार से गूँजता रहा।

दरबार की समाप्ति पर बादशाह राजमहल की बैठक में आया। यहाँ रिश्तेदारों और मेहमानों ने सम्राट् की अभ्यर्थना की और बहुमूल्य उपहार भेंट किये। रिवाज़ के अनुसार बादशाह ने भी ख़ास-ख़ास लोगों को उपहार दिये। फिर दास-दासियों, अंगरक्षकों और अन्तःपुर के रक्षकों को नक़द राशि और वस्त्रादि भेंट में दिये गये।

रात को दावते वलीमा का शानदार आयोजन था। बिरयानी, रोग़नजोश, कोरमा, कबाब, ज़र्दा आदि विविध व्यंजनों को परोसा गया। राव-राजों, सामन्तों, सिपहसालारों और सूबेदारों के अलावा अधिसंख्य सम्बन्धी भी उपस्थित थे। देर रात तक दावत का सिलसिला जारी रहा।

मेहमानों को बिदाकर जहाँगीर रनिवास में आया। तातार अंगरक्षिका उसे मधुयामिनी के लिए विशेष रूप से सजे कक्ष में ले गयी। परदा खींच कर कक्ष का द्वार एक प्रकार से बन्द कर दिया गया।

मदमाती सुगन्ध से कक्ष महमहा रहा था। विविध रंगों के फूलों से सुसज्जित सेज पर महार्घ परिधानों और आभूषणों से अलंकृत नववधू मेहरुन्निसा रस्मी मुद्रा में बैठी दूल्हे का इंतज़ार कर रही थी। अपनी अलग पहचान बनाने वाले विशिष्ट शृंगार में वह स्वयं सज्जा का एक सजीव उपकरण लग रही थी।

आहट पाकर मेहरुन्निसा उठी। सम्राट् की तरफ़ मुख किया और बहुत शालीनता से सिर झुकाकर अभिवादन किया। जहाँगीर ने उसकी हथेलियों को अपने हाथों में भर कर उसे सज्जित सेज पर बिठा दिया और बोला—मैंने तुम्हें 'नूर-ए-महल' का ख़िताब अता किया था, लेकिन यह तुम्हारी रौनकष्टफ़्रोज़ शख़्सियत के हिसाब से बहुत अर्ज़ां है। सच तो यह है कि तुम सिर्फ़ सिन्फ़े नाज़ुक के बीच ही नहीं, पूरी दुनिया

के बीच एक रोशन शख़्सियत हो। तुम जहाँ हो, वहीं रोशनी है। तुम जहाँ नहीं हो, वहाँ सिर्फ़ तारीक़ियाँ ही तारीक़ियाँ हैं। तुम्हारा सही ख़िताब तो 'नूरजहाँ' होना चाहिए। माबदौलत तुम्हें 'नूर-ए-जहाँ' का ख़िताब अता करते हैं।

—ज़हे क़िस्मत! वीणा के एक तार पर जैसे हलकी सी ठोकर लगी हो।

—आज मेरी ख़ुशी हदों को पार कर गयी है, नूरजहाँ। इस दिन के लिए मुझे कब से इन्तज़ार था। शायद तब से, जिस रोज़ शाही बाग़ में तुमने बहुत मासूमियत से अपने हाथ से दूसरा कबूतर भी छोड़ दिया था।

नूरजहाँ ने शर्माकर सिर झुका लिया। उसका मुख-मंडल और रक्ताभ हो उठा, जैसे मुग्धा नायिका ने अपने सरापा सौन्दर्य और शबाब की प्रथम प्रशंसा सुनी हो।

—लेकिन फूलों की इस सेज पर आने में तुमने इतनी देर क्यों कर दी नूर! मैं इस अरसे में कितना बेताब रहा हूँ, यह मैं ही जानता हूँ या मेरा दिल, जो आग की भट्टी को अब तक सहन करता रहा है। जहाँगीर ने अपना हाथ मेहरुन्निसा के कन्धे पर रख दिया। मेहरुन्निसा ने सिर झुका लिया।

जहाँगीर ने गहरी साँस ली, फ़ानूस की ओर देखा और नवेली दुलहन के चेहरे पर आँखें टिका दीं—मैंने तुम्हें महल में रोककर रखा था। इसे तुम क़ैद समझती थीं। मुझ पर यक़ीन करो। अली कुली की मौत के बाद मैं जल्द-से-जल्द तुम्हें अपनी ज़िन्दगी में अहम किरदार निभाने के लिए लाना चाहता था। जब तुमने निकाह से इंकार कर दिया, तो तुम्हें नज़दीक रखने का यही एक तरीक़ा था कि महल में रोक रखा जाय। दर हक़ीक़त मैं तुम्हें अपने आसपास ही कहीं देखना चाहता था। अपने खालीपन को तुम्हारे वजूद से भरना चाहता था। तुम मेरी ज़रूरत हो, नूरजहाँ।

नूरजहाँ सिर झुकाये बादशाह का आत्मनिवेदन सुनती रही।

जहाँगीर ने उसे दोनों बाँहों में भींचकर सेज पर बिठा दिया और बोला—मुझे तुमसे और भी उम्मीद है, नूर!... दर हक़ीक़त मैं थक गया हूँ। बाहर से हस्बमामूल सभी कामों को अंजाम देता हूँ, लेकिन भीतर से एक थका हुआ मुसाफ़िर हूँ। दस-बारह साल की उम्र से जंग और सियासत के पथरीले रास्तों पर चलते-चलते पस्त हो गया हूँ। अब जी चाहता है कि बादशाहत का बोझ उतार कर रख दूँ और रात-दिन वज्दोहाल में डूबा रहूँ। नूरजहाँ, अब इस शाही ताज का भारी-भरकम बोझ तुम्हें ही उठाना होगा।

नूरजहाँ अकचका गयी। उसे प्रस्ताव की आशा नहीं थी। वह अपना महत्व सर्वोपरि तो बनाये रखना चाहती थी किन्तु सीधे-सीधे वर्चस्व के आसन पर बैठने का विचार नहीं रखती थी। वह बहुत सादगी से बोली—साहिबे किराँ! अल्लाह आप पर मेहरबान हों। यह मुल्क़ आपकी शमशीर के साया में और भी मुबारक़ वक़्त देखे। आपकी क़ियादत में यह मुल्क़ तरक़्क़ी के रास्ते पर लगातार चलता रहे। मैं क़नीज़ की माफ़िक आपके पीछे चलती रहूँगी।

—हिश्श्! ऐसा नहीं कहते। जहाँगीर ने उसके आरक्त होंठों को अपनी हथेली से ढँक दिया और आगे कहा—तुम मेरी दिलावेज़ बेग़म हो और हमेशा दिलावेज़ रहोगी। मैंने तुम्हारे लिए जो किरदार तय किया है, वह तो तुम्हें करना पड़ेगा।

नूरजहाँ मुस्करा दी। उसे लगा कि सब कुछ ठीक उसके मन माफ़िक़ हो रहा है। महत्वाकांक्षा के मार्ग पर उसने अपना पहला क़दम रख दिया है। यह रास्ता लम्बा ज़रूर है, पर पैरों को सही दिशा की पहचान हो गयी है। उसने सम्राट् की ओर देखा। वह शरीर पर अपना नियंत्रण खोता जा रहा है। एक तो शराब का नशा था, फिर नवेली दुलहन के समर्पणाधीन यौवन की मादक संवेदना। नूरजहाँ ने भाँप लिया। उसने होंठों की कुटिल भंगिमा से मादक मुस्कान को ठेलते हुए कहा—आलमपनाह कितने फ़राख़दिल हैं कि आज रात शमा को इतनी तवील ज़िन्दगी बख़्श रहे हैं।

जहाँगीर ने नूरजहाँ की मेंहदी भरी हथेलियों को सीने से लगाते हुए कहा—इनाम और सज़ा के सारे हक़ूक मैंने तुम्हें नज़र कर दिये हैं, नूर!

—तो इन इख़्तियारात का पूरा इस्तेमाल करते हुए मैं इस गुस्ताख रौशनतर शमा को सज़ा-ए-मौत देती हूँ। नूरजहाँ का चेहरा लज्जा से गुलाबी हो उठा। शमा की रोशनी में उसका रंग और गहरा गया था।

एकाएक दरवाज़े पर दस्तक हुई। बादशाह ने दस्तक के संकेत को समझ लिया। द्वार पर तैनात तातार बाँदी भीतर आने की इजाज़त माँग रही थी। उसने नूरजहाँ से कुछ दूरी बनाते हुए कहा—तातार बाँदी भीतर आकर कुछ कहना चाहती है।

—तो आने दीजिये। कोई निहायत ज़रूरी काम होगा।

—इस वक़्त? और वह भी आज के इस मौक़ा-ए-जश्न पर! सम्राट् के तेवर चढ़ गये।

—आज के इस मुबारक मौक़े का सबको पता है। कोई ख़ास बात होगी, वरना एक अदना बाँदी इतनी गुस्ताख़ी नहीं कर सकती। नूरजहाँ गम्भीर थी।

बादशाह ने ख़ास अंदाज़ में ताली बजाई। संकेत का पीछा करती हुई तातार बाँदी भीतर दाखिल हुई। उसने कोर्निश करते हुए कहा—एलची आया है। पैग़ाम लाया है।

बादशाह ने तातार बाँदी को दूत का संदेश लाने की कहा। थोड़ी देर में बाँदी कोई दस्तावेज़ लेकर हाज़िर हुई। बादशाह ने दस्तावेज़ खोला। मेवाड़ में नियुक्त सूबेदार का ख़त था। नूरजहाँ को सुनाने के अंदाज़ में पढ़ा—राजपूतों ने फिर सिर उठा लिया है। उनकी फ़ौजी सरकशी बढ़ गयी है। हमले के आसार हैं। यदि अकबराबाद से जल्द ही क़ुमुक न भेजी गयी, तो चित्तौड़ हाथ से जा सकता है।

संदेश पढ़कर सम्राट् गम्भीर हो गया। चिन्ता की रेखाएँ माथे पर साफ दिख रही थीं। वह सोच रहा था कि मौक़े के मुताबिक कौन सी कार्रवाई लाजिमी होगी। तभी

नूरजहाँ ने सधे स्वर में आदेश दिया—एलची को कल सुबह दरबार में हाज़िर होने का हुक्म दिया जाय।

बाँदी ने एक क्षण बादशाह की ओर देखा। वह शान्त था। उसके मौन को स्वीकृति समझकर बाँदी बाहर चली गयी। साम्राज्ञी के रूप में यह उसका पहला शाही फ़र्मान था। उसके मृदुल और स्निग्ध चेहरे पर फौलादी दृढ़ता नज़र आ रही थी।

फिर तपाक से नूरजहाँ ने छूटे हुए पिछले सूत्र को समेटा और शोख़मिज़ाज़ी का पुट देते हुए कोमल स्वर में कहा—इस गुस्ताख़ शमा को तो देखिये, जिसने आपकी दाराई में दो दिलशाद हमराहों के बीच रोशनी की दीवार हाइल कर रखी है। अब हुज़ूर इजाज़त दें, तो इस सरक़श शमा को हमारी हसीन तनहाई में दख़ल देने के जुर्म में माक़ूल सज़ा अता की जाय।

नूरजहाँ के सुगन्धित उच्छ्‌वास ने उस दीप्तिनिर्झरा को निश्शेष कर दिया।

सात

दूसरे दिन दरबार की रस्मी कार्रवाई के बीच सबसे पहले मेवाड़ का मसला उठा। एलची को तलब किया गया। उसने विस्तार से मुग़ल फ़ौज़ और राजपूतों की सेना के पुरआशोब मुठभेड़ों का वृत्तान्त प्रस्तुत किया। निरन्तर मुठभेड़ों से मुग़ल फ़ौज़ की ताक़त कम हो चली है। राजपूतों की छापमार युद्ध-पद्धति ने मुग़ल सैनिकों को भय और हताशा में डुबा दिया है। एक लम्बी अवधि से राजधानी से कोई सैनिक सहायता नहीं पहुँची है। पूर्व पदस्थ सेना आक्रमणों को झेलते-झेलते हलाकान और शक्ति-क्षीण हो गयी है।

बादशाह ने मौक़े की नज़ाकत को समझा। उसने तत्काल आदेश दिया—सिपहसालार ख़िलचीख़ाँ दो हज़ार पैदल, पाँच सौ घुड़सवार और तोपखाना के पाँच दलों को लेकर फ़िलवक़्त कूच करे।

शाहज़ादा खुर्रम को यह अतिरिक्त सैनिक आपूर्ति बहुत कम लगी। उसने खड़े होकर निवेदन किया—आलमपनाह ने फ़ौरन कार्रवाई का जो हुक्म दिया है, वह क़ाबिले तारीफ़ है। जिल्ले सुब्हानी से अर्ज़ है कि उन्होंने जिस फ़ौज़ी इमदाद की पेशकश की है, वह नाक़ाफ़ी है। कुमुक की नफ़री और बढ़ाई जाय। आपकी ख़िदमत में यह भी अर्ज़ है कि इस फ़ौज़ी कार्रवाई में राजपूतों के दाँत खट्टे करने का मौक़ा मिले, तो मुझे ख़ुशी होगी।

बादशाह ने भरे दरबार में खुर्रम के साहस की प्रशंसा की। साथ ही यह भी कहा कि अभी उसे अभियान में सम्मिलित करने का अवसर नहीं आया है।

दरबार बर्ख़ास्त हुआ।

मेवाड़ में पहुँची अतिरिक्त सेना ने अहम ठिकानों पर अपने पैर रोप दिये। फ़ौज़ का हौसला बढ़ गया था। आक्रमण-प्रत्याक्रमण में पैनापन आ गया था। फिर भी सैनिक अभियान को सन्तोषजनक नहीं कहा जा सकता था। जो समाचार राजधानी तक पहुँच रहे थे, उनका स्वपक्षीय विश्लेषण करने के उपरान्त भी यह निष्कर्ष नहीं निकाला जा सकता था कि राजपूतों को अकबराबाद के अधीन करने में सफलता मिल पाये।

पर शायद सम्राट् को इसकी ज़्यादा चिन्ता नहीं रह गयी थी। यदि कुछ चिन्ता थी भी, तो उसका निदान उसने नूरजहाँ पर रख छोड़ा था। शराब में शबाब की छाया डालकर पूरा-का-पूरा साग़र गले में उतार लेना ही उसका शग़ल रह गया था। नूरजहाँ को उसका अत्यधिक मदिरापान अप्रिय था, किन्तु इस पर उसका वश नहीं था। शायद वह कहीं-न-कहीं यह भी सोचती रही हो बादशाह पर मदिरा का जितना नियंत्रण रहेगा, उतना ही उसका नियंत्रण सल्तनत पर रहेगा। बादशाह ने उसे शाही मुहर के इस्तेमाल की इजाज़त दे दी है और वह धीरे-धीरे अधिकार-भोग की आदी होती जा रही थी। शाही मुहर उसके क़ब्ज़े में थी, इसलिए अपने प्रति निष्ठावान लोगों को सेवा में लेने तथा महल में अपने क़रीब रखने में उसे कोई कठिनाई नहीं हुई। कुछ ख़ास लोग, जो कभी शेर अफ़ग़ान के निकट थे, उसकी टहल में आ गये थे। उसने उन्हें महल तथा फ़ौज के ख़ास-ख़ास मुक़ामों पर तैनात कर दिया था, ताकि सब तरफ़ की खोज-ख़बर मिलती रहे।

सबसे बड़ी बात तो यह कि वह सलीम के लिए दूसरी अनारकली बनने में सफल हुई। जिस इरादे से वशीभूत होकर बादशाह ने उसे विवाह के लिए विवश कर अपनी कामना के क़फ़स में क़ैद कर लिया था, उस कामना-पूर्ति में वह कभी बाधक नहीं बनी, किन्तु अपनी महत्वाकांक्षा को भी नहीं भूली। उसने बादशाह के इरादों और अपनी महत्वाकांक्षा में कभी टकराव की स्थिति नहीं पैदा होने दी और जब कभी ऐसे अवसर आये, उसने अपनी आकांक्षा को दबा लिया, क्योंकि वह इस सचाई से भलीभाँति वाक़िफ़ थी कि सल्तनत के ख़ैरख़्वाह अमीर, सामन्त और सिपाही उसकी नेपथ्य की भूमिका को तो बर्दास्त कर लेंगे, किन्तु मंच के किरदार को कतई नहीं। इसलिए वह कभी यवनिका से बाहर नहीं निकली, किन्तु फिर भी उसने हुकूमत को अपने अँगूठे के नीचे दबा कर रखा।

अपनी नयी भूमिका में उसने सारी व्यस्तताओं के बीच एक शालीन और सत्यनिष्ठ पत्नी के रूप में पति का विश्वास जीत लिया था। एक दिन जहाँगीर ने उसे बहुत प्यार से पास बिठाकर कहा—मैंने तुम्हें जो नूर-ए-जहाँ का ख़िताब अता किया है, वह बहुत कम मालूम होता है। मैं अपनी तंगदिली पर बहुत शर्मिन्दा हूँ।

नूरजहाँ ने सिर झुकाकर प्रशंसा को आत्मसात किया। फिर उत्तर दिया—शुक्रिया जहाँपनाह। मैं तो सिर्फ़ अपने फ़र्ज़ को अंजाम दे रही हूँ। मैं आपको थोड़ा सा भी

चैनोसुकून पहुँचा सकूँ, तो मेरा अहोभाग!

—तुम्हारी क़ाबिलियत पर मुझे पूरा यक़ीन है। इसीलिए चाहता हूँ कि हुकूमत की लगाम को तुम्हारे हाथों सौंपकर कुछ बेफ़िक्र हो सकूँ। जहाँगीर ने आलस में अँगड़ाई ली और दीवान पर लेट गया।

—हुजूर माफ़ करें। बादशाह के लिए मुनासिब नहीं है कि वह किसी दूसरे पर पूरी तरह मुनहसर रहे। उसे हुकूमत की लगाम को अपने हाथों में रखना चाहिए। पूरे मुल्क़ की तक़दीर आपकी मुट्ठी में है और इस मुट्ठी को कभी ढीली नहीं छोड़नी चाहिए। नूरजहाँ ने उस वैचारिक परिपक्वता का परिचय दिया, जो अनुभवों की लम्बी सीढ़ियों को चढ़ने के बाद आता है। वह अच्छी तरह समझ रही थी कि हुकूमत को चलाने के लिए बादशाह को ढाल के रूप में इस्तेमाल करना ज़रूरी है। सम्राट् का प्रशासन से संन्यास उसके लिए घातक होगा। उसके लिए सूत्रधार की भूमिका ही सबसे उपयुक्त है। प्रत्यक्ष शासन से सूत्रधार का परोक्ष शासन अधिक सुरक्षित होता है।

तभी जहाँगीर ने जैसे कुछ याद कर कहा—अब तो ख़्वाहिश है कि जल्द-से-जल्द ख़ुर्रम का निकाह कर दिया जाय। अर्जुमंद से उसकी सगाई को एक अरसा हुआ। तुम्हारे भाईजान दो-एक बार इशारा कर चुके हैं। बातचीत के ढंग से बादशाह के इरादों की मज़बूती का पता चलता था।

—मैं भी यही सोचती हूँ। कई बार इरादा भी किया कि आपसे चरचा की जाय। इस काम को तो मुक़म्मल करना ही है। आरज़ू मुझे जान से ज़्यादा प्यारी है। उसे जल्द-से-जल्द दुलहन की शक़्ल में देखने की तमन्ना है। नूरजहाँ रुकी। फिर इस अंदाज़ में कि कहें कि न कहें, कह ही पड़ी—एक इल्तिजा है।

बादशाह इस बात का जायज़ा ले रहा था कि मीना में कितनी मदिरा शेष है।

—हुजूर मेरी बात पर तवज्जो दें। नूरजहाँ को लगा कि बादशाह कुछ अन्यमनस्क से हैं।

—अरे हाँ कहो न।

—बेटी लाडली सयानी हो चली है। मुझे उसके निकाह की फ़िक्र सताने लगी है। ससुराल जाय, तो बेफ़िक्र हो सकूँ। फिर आपकी ख़िदमत में रातदिन एक कर सकूँ। नूरजहाँ के स्वर में मार्मिकता की लोच थी। इसे बादशाह ने अनुभव किया।

—तुम्हारी निगाह में कोई लड़का उसके लायक़ है। जहाँगीर की स्वर-तंत्री जिज्ञासा से तनी थी।

—मेरी नज़र में एक लड़का है। आप नाराज़ न हों...शाहज़ादा शहरयार कैसा रहेगा? नूरजहाँ ने सिर झुका लिया। उसके कथन में जिज्ञासा के साथ प्रस्ताव भी था।

बादशाह के चेहरे पर थोड़ा सा खिंचाव आया। उसे इस प्रस्ताव से अचरज हुआ। नूरजहाँ जैसी महत्वाकांक्षी महिला भला ऐसा प्रस्ताव रख सकती है! उसे लगा

कि उसे एक बार फिर से अपने प्रस्ताव पर विचार करने का अवसर देना चाहिए—तुम अच्छी तरह से सोच लो। तुम्हारा दामाद तुम्हारी शख़्सियत की तौल का होना चाहिए। बाद में यह मलाल न हो कि एक रखैल के बेटे को दामाद बना लिया।

नूरजहाँ अच्छी तरह से जानती थी कि बादशाह ने शाही मुहर के रूप में उसे पारस पकड़ा दिया है, जिससे वह किसी भी लोहे को स्वर्ण बना सकती है। फिर चाहे वह रानी का पुत्र हो या दासी का या रखैल का। सियासत की चौसर बिछी है, पासे उसकी इच्छा के अनुसार अंक दिखला सकते हैं। वह मनोवांछित ढंग से पासे फेंक सकती है।

—मैंने अच्छी तरह से सोच-समझ कर फ़ैसला किया है। आप हामी कर दें, तो बेटी की तक़दीर पुरनूर हो जाय। हमें एक बार और इज़्ज़त बख़्शें, जहाँपनाह! नूरजहाँ ने प्रार्थना करके सिर झुकाया।

—ठीक है। देखते हैं। बादशाह ने मुँह फिरा लिया, मानो इस विषय पर बातचीत को ज़ारी रखने में उसकी दिलचस्पी नहीं रही।

बादशाह के निजी कक्ष से निकलकर नूरजहाँ बैठक में आयी। वहाँ शाहज़ादा खुर्रम बादशाह से भेंट की प्रतीक्षा में बैठा हुआ था। साम्राज्ञी को आता देखकर वह सम्मानपूर्वक खड़ा हो गया।

—आप खुशनसीब हैं, शाहजादे! आलमपनाह ने आपको जल्द दूल्हा बनाने का फ़ैसला किया है। नूरजहाँ ने मुस्कराकर उत्साह प्रदर्शित किया।

—बारात मिर्ज़ा ग़ियासबेग़ के दरवाज़े पर ही जायेगी न?

—इसमें कोई शुबहा है क्या!

—एक बार तो कुछ हेर-फेर हो गया था। खुर्रम ने अपने पूर्व विवाह की ओर संकेत किया।

—तब की बात और थी। तब मैं तस्बीर में नहीं थी। अब तो मुक़र्रर मुक़ाम पर ही पहुँचा जायेगा। नूरजहाँ ने भरपूर विश्वास दिखलाया।

—तो क्या मैं आपका शुक्रिया अदा करूँ!

—यक़ीनन।

—आप किस तरफ़ से शरीक होंगी?

—दुलहन की तरफ़ से। औरतें ऐसे मौक़ों पर मायके को ही पसन्द करती हैं। नूरजहाँ का सीधा सा जवाब था।

—तब तो खूब रहेगी। एक तरफ़ होंगे शाहंशाह और दूसरी तरफ़ होंगी मलिका-ए-हिन्दुस्तान!

खुर्रम के इस विनोद से मेहरुन्निसा के मुख पर हलकी सी मुसकान दौड़ गयी, जिसे गहराते हुए उसने कहा—एक और खुशख़बरी है।

—जरा सुनूँ तो! खुर्रम ने जिज्ञासा में सिर उठाया।

—लाडली बेगम का निकाह तय हो गया है।

—अच्छा! किससे?

—एक शाहज़ादे से ही। और किससे! मेहरुन्निसा के जवाब में अहं की हलकी सी टकार थी।

—अच्छा! मैं समझा नहीं। खुर्रम भ्रमित था। उसकी समझ उस शाहज़ादे की खोज में असमर्थ थी।

—शाहज़ादा शहरयार! और कौन? मेहरुन्निसा ने जैसे एक बड़ा पत्थर पटक दिया हो और खुर्रम के पैर तिलमिला उठे हों—वे पैर जो मुग़लिया सल्तनत की मज़बूत जमीन के आदी हो चुके थे।

—आपने उसका इंतख़ाब किया! यक़ीन नहीं होता। खुर्रम बड़ी कठिनाई से अपनी तिरस्कृति को छिपा पाया।

—मैंने ही उन्हें पसंद किया है। उनमें बुराई क्या है? मलिका अपनी पसंद के लिए प्रशंसा के शब्द सुनना चाहती थी।

—ठीक है। फ़ैसला तो आप दोनों को ही करना है। खुर्रम को बादशाह के समर्थन के बारे में कुछ भी पता नहीं था। अपने उद्देश्य को आगे रखकर बोला—मैं जरा अब्बाहुजूर से मिल लूँ।

—मैं क़नीज़ से ख़बर करूँ?

—नहीं, मैं खुद देख लेता हूँ। कहते हुए शाहज़ादा अन्तर्कक्ष की ओर निकल गया।

सम्राट् व्यस्त थे। काग़जात पर व्यग्रता से दृष्टिपात कर रहे थे। शाहज़ादे ने सलाम करके ख़ैरियत पूछी। बादशाह ने कहा—राजपूताने से ख़बर आयी है। हालात कुछ अच्छे नहीं लगते।

—मुझे भी ख़बर मिली है कि मुग़ल फ़ौज़ को भारी परेशानियों को सामना करना पड़ रहा है। जगह-जगह पर राजपूतों की घेराबंदी ने फ़ौज़ को हलाकान कर दिया है। ख़िलची ख़ाँ बेहद पशेमान है। खुर्रम ने अपने सूत्रों से प्राप्त जानकारी को बादशाह से बाँटते हुए कहा।

—हाँ। उसने और कुमुक की माँग की है। पर आज के हालात इसकी इजाज़त नहीं देते। दक्खिन में फ़ौज का एक बड़ा हिस्सा पहले से ही क़ायम मुक़ाम है। सदर मुक़ाम की अपनी ज़रूरतें हुआ करती हैं। लगता है कि राजपूताने को मुग़ल दरबार की देहलीज़ तक खींच लाना एक ऐसा ख़्वाब है, जिसकी ताबीर नहीं हो सकती।

—अब्बाहुजूर, मैंने पहले भी अर्ज़ किया था कि मुझे एक मौक़ा दिया जाय। मेवाड़ को मुग़लिया हदों में शरीक़ करना ही होगा, वरना दूसरे सरकशों का हौसला बुलंद होगा और हमारी परेशानियों में इज़ाफ़ा होगा।

—अफसोस! हमारी मुसल्सल कोशिशों के बावजूद यह कामरानी नसीब न हुई।

—मुझे याद है। मुग़ले आज़म को भी इसका बड़ा मलाल था। एक बार मैं उनकी गोद में बैठा हुआ था। वे दादीजान से मुख़ातिब थे। उन्होंने फ़रमाया कि ज़िन्दगी का एक मक़सद शायद अधूरा रह जाय। वे थोड़ी देर रुके, गहरी साँस ली और आगे ग़मगीन आवाज़ में बोले—चित्तौड़ तो जीत लिया, लेकिन परताप को नहीं जीत पाया। शायद यही कशिश लेकर दुनिया से रुख़सत होना पड़े। परताप बहुत बहादुर और जंगजूँ जोधा है। उससे दोस्ती रखना भी फ़ख़्र की बात है। पर सल्तनत के अपने उसूल होते हैं, अपनी मजबूरियाँ होती हैं। एक बार, सिर्फ़ एक बार वह हमारी मातहती मंज़ूर कर ले, तो फिर हम उसे ज़िन्दगी भर के लिए दोस्त बना लें और उसे एहसास भी न होने दें कि हमारा ताबेदार है। लेकिन शायद यह सिर्फ़ ख़याल ही ख़याल है। फिर दादाजान ने बहुत प्यार से मेरे सिर पर हाथ फेरते हुए कहा—मेरा जो काम अधूरा रह जायेगा, उसे मेरा प्यारा ख़ुर्रम पूरा करेगा। क्यों न ख़ुर्रम! फिर वे मेरी आँखों में झाँकने लगे, जैसे किसी सम्भावना की तलाश में हों।

शाहज़ादा भावुक हो चला था। एक क्षण रुककर बोला—आप मुझे एक मौक़ा ज़रूर दें, अब्बाहुज़ूर।

सम्राट् द्रवित हो गया—ज़रूर दूँगा, पर अभी वह मौक़ा नहीं आया है। अभी तो मुझे एक दूसरी ही फ़िक्र सता रही है।

—कैसी फ़िक्र?

—तुम्हारे निकाह की। एक अरसा हुआ तुम्हारी सगाई हुए। अब आगे निकाह को रोक रखना उस नेक लड़की के ख़िलाफ़ बेइंसाफ़ी होगी। सम्राट् के स्वर में पश्चाताप की आँच थी।

ख़ुर्रम ने सिर झुका लिया।

—अब किसी प्रकार की रुकावट नहीं है। इस काम को जल्द अंज़ाम देना है। फिर एक इसी तरह का काम और बाक़ी है।

—वह क्या?

—मलिका ने ख़्वाहिश ज़ाहिर की है कि उनकी बेटी का निकाह शाहज़ादा शहरयार से कर दिया जाय।

—आपकी क्या मंशा है? ख़ुर्रम ने यह प्रकट नहीं होने दिया कि उसे यह प्रसंग मालूम है। शहरयार के साथ शाहज़ादा शब्द का प्रयोग उसे बहुत खटका।

—बादशाहों से उनकी मंशा पूछने का रिवाज़ नहीं है, ख़ुर्रम। सम्राट् ने मदिरा का चाक हाथ में लिया।

—मैं तो अपने अब्बाजान से दरयाफ़्त कर रहा था। ख़ुर्रम ने अपने स्वर में भोलापन लाने का प्रयास किया।

—मलिका-ए-हिन्दुस्तान का मर्तबा हासिल करने के बाद क्या वह अपनी दुख़्तर की शादी किसी मामूली इंसान से कर देतीं। उनके लिए यही मुनासिब था कि अपने

दामाद के शक़्ल में किसी शाहज़ादे का इंतख़ाब करतीं। यदि उन्होंने ऐसा करने का इरादा किया, तो उन्हें मना करना मुनासिब न था। सम्राट् ने सीधा-सादा औचित्य प्रमाणित कर दिया।

—गुस्ताख़ी माफ़ करें, जहाँपनाह। मामला उतना सीधा नहीं, जितना दिखाई देता है। परदा यहीं नहीं गिरेगा और गिरा तो फिर उठेगा। खुर्रम अपने आशय को संकेत दे रहा था।

—मैं कुछ समझा नहीं।

—आज की तारीख़ में मैं भी आपको कुछ नहीं समझा सकता। यह तो आपको खुद ही समझना होगा। नहीं तो वक़्त समझाने आयेगा। लेकिन तब तक शायद बहुत देर हो चुकी होगी। फिर शाहज़ादे ने बहुत अदब के साथ कोर्निश की और कक्ष से बाहर हो गया।

सम्राट् खुर्रम को जाते हुए देखता रहा। एक बार समझ की मुद्रा बनायी। उसे इतना ज़रूर लगा कि अर्जुमंद बानो से निकाह की बात जाने क्यों उसे आह्लादित नहीं कर सकी। फिर वह ग़ाक का जायज़ा लेने लगा।

आठ

राजाज्ञा हुई। शहर में नगाड़े पिटने लगे। नक्कारों की आवाज़ के साथ गली-कूचों में मुनादी की गयी कि शाहज़ादा खुर्रम का निकाह सिपहसालार मोहम्मद अबुल हसन की खुशकिस्मत दुख़्तर अर्जुमंद बानो से होने जा रहा है। लिहाज़ा हर आम और ख़ास इस जलसे में शिरकत करें, अपने घरों को सजायें और सल्तनत की ओर से की जा रही सजावट में मदद करें।

राजधानी अकबराबाद को दुल्हन के समान सजाने की तैयारियाँ शुरू कर दी गयीं। मार्गों को समतल किया गया और उन पर पानी का छिड़काव हुआ। प्रकाश की अतिरिक्त व्यवस्था की गयीं। कर्मचारियों और व्यापारियों में जुनून सवार हो गया था कि वे अपने आवासों की सजावट को कितना भव्यतम रूप दे सकते हैं, क्योंकि वे अच्छी तरह जानते थे कि प्रत्यक्ष या परोक्ष रूप में यह बात सम्राट्, मलिका या शाहज़ादे तक पहुँच सकती थी। एक प्रकार की स्पर्द्धा के तहत उमंग को आकाश में उछाला जा रहा था।

उल्लास तो हर तरफ़ बिखरा पड़ा था, किन्तु अबुल हसन की हवेली पर जैसे स्वर्ग अपनी समस्त कलाओं के साथ अवतीर्ण हो गया था। राजमहल का ऐश्वर्य वहाँ भले दिखाई न दे रहा हो, किन्तु हर्ष और हुलास के भाव सब तरफ़ उमड़ रहे थे। सम्राट् के यहाँ सम्बन्ध तय होना कोई साधारण बात नहीं थी। यह प्रसंग मुग़लों के

इतिहास में अंकित होने जा रहा था। इंशाअल्लाह अग़र शाहज़ादा खुर्रम वली अहद के ओहदे से नवाज़े जाते हैं, तब तो इस घर के हर सदस्य का रुतबा या मर्तबा कायनात की हदों को छूने लगेगा। अबुल हसन और मिर्ज़ा ग़ियासबेग़ ही नहीं, बाकी रिश्तेदार भी इन्हीं ख़यालों में डूबे हुए थे। माता-पिता अपनी बेटी नूरजहाँ से बार-बार सलाह ले रहे थे ताकि बादशाह की शान के अनुकूल इंतज़ाम किये जा सकें।

अर्जुमंद अपने अन्तर्कक्ष में सहेलियों और रिश्तेदारों से घिरी बैठी थी। सब उसके निकट आकर अपनापन जताना चाहते थे। बहुत देर बाद एकान्त मिला, तो वह सतीउननिसा से बोली—मुझे भरोसा नहीं था कि निकाह की तारीख़ इतनी जल्दी मुक़र्रर हो जायेगी।

—तुम्हें कैसा लग रहा है? सतीउननिसा ने मखमली कालीन पर क़ायदे से बैठते हुए कहा।

—क्या कहूँ! एक खूबसूरत ख़्वाब, जिसकी ताबीर की कोई उम्मीद न हो और सबेरा होने जा रहा हो, तभी दूर से शहनाई की आवाज़ फ़िज़ा में गूँज उठे—तो जैसा लगे, बहुत कुछ वैसा ही लग रहा है। मैं जैसे परी बन गयी हूँ और अपने पंखों से पूरे क़ायनात को नाप लेना चाहती हूँ। अर्जुमंद की आँखों में स्वप्न जैसे मोती की तरल आभा बनकर तैर रहा था।

—परीलिका ही हो तुम! समूचे हिन्दूस्तान और फ़ारस में तुम्हारी जोड़ की सर्वदाम चार्वी भला कहाँ मिलेगी! अबुल हसन के बाग़ीचे का यह शाहकार फूल मुग़ल सल्तनत को गुलज़ार कर देगा। सतीउननिसा की देखरेख में ही अर्जुमंद पली-बढ़ी थी और वही उसकी खूबियों का सही बखान कर सकती थी।

—तू नहीं जानती क्या कि शाही हरम बेमिसाल गुलशन की मानिन्द है, जो दुनिया भर के बेहतरीन फूलों से आरास्ता है। जमाने भर के राजे-महाराजे, अमीर-उमरा, सिपहसालार और सरजंग आये और उस रनिवास के रौनकअफ़ज़ा टोकरे में एक-से-एक बढ़कर शाहकार फूलों का ढेर लगाते गये। अर्जुमंद शाही हरम के बारे में काफ़ी कुछ सुन चुकी थी।

—लेकिन जब उस महलसरा में तू दाखिल होगी, तो उस टोकरे का सबसे खूबसूरत फूल होगी—सरसबद! फ़िज़ा से आवाज़ उठेगी—सरसबद!! वादियाँ लहरा उठेंगी—सरसबद!!! सतीउननिसा अतिरिक्त उत्साह से भरी हुई थी।

—अच्छा! खूब!! अर्जुमंद की गुलरेज़ हँसी खनक उठी।

—और जब शाहज़ादा उस फूल को अपने हाथों की गिरफ़्त में लेंगे, तो उस क़ैद से निज़ात पाना काफ़ी मुश्क़िल होगा। है न! सतीउननिसा ने भेद की नज़रों से देखते हुए कहा।

अर्जुमंद चुप रही। वह उन शब्दों के भीतरी तहों में जाने की कोशिश में लगी थी।

—पर ऐसा भी तो है कि उस वक़्त दामन छुड़ाना कौन चाहेगा! सतीउननिसा ने खुद ही जवाब दिया और खिलखिलाकर हँस दी।

—धत्‌त! कहते हुए अर्जुमंद शरमा गयी। इस बीच उसकी कई हमउम्र सहेलियाँ और रिश्ते की बहनें आ गयी और उसे घेर कर बैठ गयी। वे मीठी चुहलबाजियों से अर्जुमंद को कभी हुलसाने और कभी लजाने लगीं।

अबुल हसन और मेहरुन्निसा व्यस्ततम थे। अबुल हसन को बाहरी कार्यों की व्यवस्था देखनी थी। मसलन, बारात का स्वागत, हैसियत के मुताबिक बारातियों के ठहरने का इंतज़ाम, सुरक्षा और चौकसी। मेहरुन्निसा के जिम्मे घर की सजावट और रनिवास की व्यवस्था थी। पचीसों दासियाँ उसके हुक्म पर व्यवस्था को अंजाम दे रही थीं। सारी व्यवस्था क़रीने से की जा रही थी। लगता था कि हर काम में कोई ख़ास निस्वानी स्पर्श लगा है। चाँदी की तीलियों का आधार लेकर बनी कमख़्वाब की कढ़ाईदार चिलमन की सजावट देखते ही बनती थी, जिसकी आड़ में निकाह की रस्म सम्पन्न होनी थी। ग़ियासबेग़ रिश्तेदारों की मेहमाननवाज़ी में लगा था। उसकी पत्नी रनिवास में महिलाओं के ख़ान-पान का इंतज़ाम देख रही थी।

तैयारियों में कब सुबह दोपहर में और कब दोपहर शाम में तबदील हो गयी, पता भी न चला। रात्रि ने पहला चरण रखा, तो शाही बारात दरवाज़े पर आ चुकी थी। ग़ियासबेग़ की हवेली बारात के स्वागत के लिए पूरी सजधज के साथ तैयार थी। वातावरण सुगन्ध से महमहा रहा था।

सम्राट् जहाँगीर सुसज्जित हाथी पर सवार होकर, मजबूत सुरक्षित घेरे के बीच, बारात का नयन करता हुआ हवेली के स्वागत-द्वार तक आ पहुँचा। उसकी शान की मुताबिक कोर्निशें बजाई गयीं। हर शख़्स बादशाह का ध्यान अपनी ओर खींचने की कोशिश में था। उसकी शान में बंदूकें दाग़ी गयीं और मोती-जवाहरात न्योछावर किये गये। अबुल हसन ने बहुत अदब से झुककर उन्हें जवाहरात की थाली और रत्नजटित तलवार भेंट की। बादशाह के दूसरे रिश्तेदारों तथा बारातियों का भी हैसियत के अनुसार स्वागत हुआ।

एक ख़ास सजधज वाले शामियाने में बादशाह और उसके निकटतम रिश्तेदारों की बैठक-व्यवस्था की गयी थी। एक तरफ़ उच्चतर मंच पर चाँदी के विशाल सिंहासन पर बादशाह आसीन हुआ। उसकी दोनों ओर दो सिंहासनों पर दूल्हा और शाहज़ादा शहरयार बैठे थे। शहरयार के सिंहासन पर बैठते ही खुर्रम की त्योरी चढ़ गयी। उसका चेहरा प्रज्वलित भट्‌टी सा दमक उठा। सेहरे के मुखाच्छादन के कारण रौद्र-भाव लोगों पर प्रकट नहीं हुआ।

उधर क़ाज़ी मुअज़्ज़म गवाहों को साथ लेकर जनानाख़ाने की तरफ़ बढ़ा। निकाह की रस्म पूरी करनी थी। वह रतनारी नूर से झिलमिलाती चिलमन के इस पार खड़ा हो गया। उसने शादी का दस्तावेज़ निकाला, खुर्रम के नाम विवाह का प्रस्ताव

रखा, मेहर की रक़म बतलायी और दुल्हन से निकाह क़ुबूल करने की बाबत मंशा पूछी। संकोच में लिपटी अर्जुमंद की हामी चिलमन की रुनझुनी घंटियों में उलझकर रह गयी। क़ाज़ी ने फिर मंशा जाननी चाही। अर्जुमंद ने सिर झुकाया। उसके होंठ फड़फड़ाये। तभी सहेलियों ने लगभग चीखते हुए कहा कि दुल्हन ने 'क़ुबूल' कर लिया है। इसके साथ ही चिलमन के पीछे बैठी औरतों के हर्षोल्लास की आवाज़ें गूँज उठीं।

क़ाज़ी ने पास जाकर बादशाह और नौशा को 'निकाह मुबारक हो' कहा। इसके साथ ही चारों ओर से 'मुबारक हो', 'मुबारक हो' की आवाज़ें वातावरण में देर तक गूँजती रहीं। रिश्तेदारों और मुसाहिबों में उपहार भेंट करने के लिए स्पर्द्धा सी होने लगी।

पूरा माहौल जश्ने चिरागाँ से पुरनूर था। लोग एक तरह से चहक रहे थे। अबुल हसन के रिश्तेदारों की प्रसन्नता कुछ गर्वीली हो उठी थी, क्योंकि वे अब बादशाह के ख़ास सम्बन्धियों में सम्मिलित हो गये थे। उनके ख़ानदान के ख़ानदान मुग़ल इतिहास में नामांकित हो गये। उन्हें विश्वास के साथ उच्चतर पदों पर नियुक्त किया जा सकेगा। अब उनके बच्चों के रिश्ते के लिए आली ख़ानदानों के दरवाज़े खुल जायेंगे और उन्हें पीढ़ी-दर-पीढ़ी वज़ीफ़े की पात्रता हासिल हो जायेगी। सौ बातों की एक बात तो यह कि वे अब प्रजा-वर्ग से उठकर शासक-वर्ग में शामिल हो गये हैं। लड़कियाँ विशेषतः खुश थीं। शादी एक बड़ी समस्या होती है। सिंहासन के प्रभा-मंडल में आ जाने से उनके लिए रिश्ते लाने में लोग फ़ख़्र अनुभव करेंगे। इस अनुमान से उनके अधरों पर प्रातिका खिल उठी थी। रात्रि-भोज में सबको ख़ास मज़ा आया।

बादशाह के पास समय कम था। उसे शीघ्र राजमहल लौटना था। तदनुसार समारोहपूर्वक बिदाई की रस्म पूरी की गयी।

असली तैयारी तो अंतःपुर में होनी थी। मेहमानों की गहमागहमी के बीच, बिदाई की बेला में, घर के ख़ास लोग मौक़े की तलाश में थे, ताकि अर्जुमंद को मुबारकबाद और मशविरा दे सकें। नूरजहाँ उस शानदार कक्ष में आयी, जहाँ सुसज्जित दीवान के कोने में दुलहन सकुची-सिमटी बैठी थी। चढ़ती रात में भी उसके चेहरे पर सुबह की ताज़गी थी। जाने कितनी सम्बन्धी और अतिथि महिलाओं ने उसे अतिशायी शब्दावलियों में बधाई दी थी, किन्तु उसके सौम्य और शालीन मुख पर अभिमान की एक रेखा भी अंकित नहीं हो पायी। उसका मुसकानी स्वीकार उसके आभिजात्य में और भी श्रीवृद्धि कर रहा था।

मेहरुन्निसा ने समस्त महिला अभ्यागतों से विनम्रतापूर्वक एकान्त बनाने का अनुरोध किया। दोनों के सम्पूर्ण नारीत्व पर विस्मय-भरी दृष्टि डालती हुई महिलाएँ कक्ष से बाहर चली गयीं।

तब मेहरुन्निसा दीवान के निकट आयी। अर्जुमंद के कन्धे पर हाथ रखते हुए बोली—आरज़ू, आज मेरी बरसों की मुराद पूरी हुई। मेरी दिली तमन्ना थी कि भले ही

मुझे शाही रनिवास हासिल न हो, लेकिन तुझे ज़रूर शाही हरम की राह दिखा सकूँ। मेरा वह सपना सच हुआ। अल्लाताला तुझे दोनों जहानों की सबसे बेहतर नियामतों से नवाज़े। ख़ुदा का शुक्र है कि तुझे सूरज की मानिन्द परतापी शौहर मिला है। तू धूपछाँव के समान उसके साथ रहना। उसके ग़म में, मुसीबतों में, जंग और सफ़र में अग़र उसके साथ बनी रही, तो समझ लेना वह हमेशा तुझे अपने सर-आँखों पर रखेगा। तेरी ख़ुशनसीबी है कि तुझे भाईजान की निगहबानी हासिल होगी। उनके और शाहज़ादे के बीच एतबार की डोर को मजबूत बनाये रखना। यह दोनों के लिए फ़ायदेमंद होगा। मेहरुन्निसा को लगा कि मासूम अर्जुमंद को आने वाले वक़्त से सावधान कर देना चाहिए।

—फूफीजान, आप से ज़्यादा मेरी फ़िक्र करने वाला भला वहाँ कौन होगा! अर्जुमंद ने बहुत मासूमियत के साथ कहा।

—आरज़ू, अब तक तेरी ज़िन्दगी का रास्ता सीधा था। तुझे न किसी को ख़ुश करना था और न किसी को अपनी जानिब ढालने की कोशिश करना था। पर आज तू जिस मोड़ पर खड़ी है, इसके आगे का रास्ता पेंच और खम से भरा पड़ा है। अब तुझे बोलने के पहले तौलना होगा और चलने के पहले सँभलना होगा। जब-तब न जाने कितनी बातें मैंने तुझे बतलायी हैं—मुझे एतमाद है कि तूने उन सबको अपनी शख़्सियत में शामिल कर लिया होगा। अब अवसर आ गया है कि फ़नकार की तरह तू इन बातों पर अमल कर।

अर्जुमंद सारी बातों को पूरे ध्यान से सुन रही थी और मोतियों की तरह बहुत सँभाल कर मन की मंजूषा में रखती जा रही थी।

—मैंने तुझे इत्र बनाने का तरीक़ा सिखाया। ख़ुशबुओं के भेद बतलाये और उन्हें पहचानना सिखाया। मैंने तुझे मुफ़स्सिल रंगों की ख़ूबियाँ बतलायीं। उनके आपसी तालमेल व भिन्नता से वाक़िफ़ कराया। मैंने मर्द की ख़सूसियत और कमज़ोरियाँ बयान कीं। वे औरतों से कब क्या उम्मीद करते हैं और ख़ुद किस तरह से पेश आते हैं, इसकी जानकारी दी। चतुर औरत वही है, जो शौहर के ख़िलाफ़ अपने हुस्न और शबाब का इस्तेमाल हथियार की तरह करे, लेकिन यह ज़ाहिर भी न होने दे कि उसने इनका इस्तेमाल किया है। शौहर की ज़रूरतों के लिए बीबी को अपनी दिलकश बर्नाई को दाइमन बनाये रखने की कोशिश करनी चाहिए। सुहागरात की मदमस्त फ़िज़ा में जिस झिलमिलाते हुस्न पर उसकी पहली नज़र पड़े और जिसे देखते ही उसके मुँह से बेसाख़्ता 'हफ़नज़र', 'हफ़नज़र' निकल पड़े, उस तक़्वाशिकन हुस्न को बिल्कुल वैसा ही हर रात पेश करना है। मुग़ल शाहज़ादों की हरसिम्त निग़ाहों पर लगाम कसने का शायद यही एक तरीक़ा है। शायद आगे मुझे कुछ और भी कहने का मौक़ा मिले, पर आज इतना ही। अब शाही रनिवास में तुझसे मुलाक़ात होगी। तब तक के लिए ख़ुदा हाफ़िज़!

मेहरुन्निसा ने उसकी पीठ पर स्नेह से हाथ फेरा और निकल पड़ी। खुस्रवाना अंदाज़ से बाहर जाती हुई मेहरुन्निसा को अर्जुमंद ने उठकर बड़े अदब से सलाम किया।

दुलहन को अकेली देखकर एक बार फिर औरतों की भीड़ उमड़ पड़ी। तरह-तरह की चुहल होने लगी। दुलहन के दिल को गुदगुदाने की कोशिश होने लगीं। अर्जुमंद कभी शरमाकर, कभी सकुचाकर, कभी हँसकर, कभी मुस्कराकर जवाब देती रही। आज उसकी एक-एक अदा पर सहेलियाँ निछावर हो रही थीं, उसका एक-एक शब्द सुनने के लिए उत्कर्ण हो रही थीं। पता नहीं, फिर कब मुलाक़ात हो, पता नहीं फिर कब उसकी शहदीली बतरस से कानों को तृप्ति मिले। आशंका यह भी थी कि शाही हरम से लौटने के बाद शायद वह एक राजसी प्रभा-मंडल के घेरे में रहे और उससे मिलने के लिए इजाज़त लेनी पड़े। मुलाक़ात भी हो, तो इतनी खुलकर नहीं। इसीलिए सब उसकी आसन्नता का अधिकतम सुख आज ही उठा लेना चाहती थीं।

तभी अब्करी बेग़म भीतर आयीं। वह हाँफ सी रही थी। लड़कियों से बोली—दस्तरख़ान पर तुम लोगों का इंतज़ार हो रहा है। चलो। पहुँचो वहाँ।

एक लड़की ने अर्जुमंद का हाथ पकड़कर कहा—हम सब सहेलियाँ आज इसके साथ मिलकर खायेंगी। उसके इसरार में ममत्व था। अब्करी बेग़म ने इसे लक्ष्य कर बड़े प्यार उसके गाल को थपथपाते हुए कहा—बेटी, तुम लोग चलो। मैं इसे अभी लेकर आती हूँ।

लड़कियाँ कमरे से बाहर चली गयीं। अब्करी बेगम अर्जुमंद के पास बैठ गयी और दुलार करते हुए बोली—आरजू तू परायी हो गयी है। लड़की जब सयानी हो जाती है, तो वालदैन उसकी निकाह के लिए फ़िक्रमंद हो जाते हैं। फिर जब निकाह हो जाता है, तो दिल के टुकड़े को बिदा करते वक़्त ज़ार-ज़ार रोने लगते हैं। तेरे अब्बाजान भीतर से बहुत ग़मज़दा हैं। हम औरतें तो रोकर अपने दिल का बोझ हलका कर लेती हैं, लेकिन मर्द को तो आँसुओं का बोझ उठाकर जीना होता है। अब्करी बेगम ने आँसुओं को पोंछा और अर्जुमंद को छाती से लगा लिया। अर्जुमंद द्रवित हो गयी। उस मोम की पुतली की नरगसी आँखों से आँसू झर-झर बहने लगे।

अब्करी बेगम ने उसकी पीठ पर आहिस्ता से हाथ रखा और कहने लगी—तू शाही ख़ानदान में शामिल हो गयी है। एक ओर जहाँ तेरे रुतबे में चार चाँद लग गये हैं, वहीं दूसरी ओर तेरी जवाबदारियाँ भी बढ़ गयी हैं। तुझे अपना रास्ता खुद बनाना होगा। हालात चाहे जो हों, सचाई और ईमान को नहीं छोड़ना। अल्लाह पर भरोसा रखना। उसे हमेशा याद रखना। वह तुझे सदा रोशनज़मीर रखेगा। मेरी दुआ है, खुदा तुझे अपनी रहमतों के साया में रखे। तू बहुत खुशनसीब है, जो शौहर की शक़्ल में तुझे शाहज़ादा खुर्रम मिले हैं। इसे भी तू रिसालतपनाह की मेहरबानी समझ। तुझे अपने शौहर की परछाई की तरह रहना है। चाहे महल हो या सहरा, चाहे बस्ती हो या

जंगल–हर जगह ख़ुशी-ख़ुशी साथ रहना और उन्हें चैनो-सुकून से रखना। बड़े आदमियों की पेचीदिगियाँ भी बड़ी होती हैं। फिर बादशाहों के क्या कहने! सिर पर हमेशा तलवार लटकती रहती है–हवा के झक्कड़ों के बीच कच्चे धागे से बँधी हुई। उनकी ज़िन्दगी का रोज़नामचा ख़तरों, नाकामियों, ज़िल्लतों और मुश्क़िलों की स्याही से लिखा जाता है और ख़ते चलीपा में मौत की इबारत लाल रोशनाई से। इसलिए तुझे उनके साथ चौकस होकर रहना है और उन्हें नाज़ुक वक़्त में सावधान रखना है। मुझे भरोसा है कि इस घर में जिस ढंग से तेरी तर्बियत हुई है, उससे तू शाहज़ादे की नेक और पसंदीदा बीबी साबित होगी। खुदा करे, दुनिया की तारीख़ें तुझे एक वफ़ादार, दानिशमंद, निकोनाम और गिरामीमनिश बीबी की शक़्ल में याद करें और दुनिया की तमाम औरतें अपनी ख़ूबियों और ख़ासियतों को नापने के लिए जब किसी पैमाने की तलाश करे, तो उनकी निग़ाह तुम तक पहुँचें। लम्बी तक़रीर से माँ को हाँफ सी आयी। अर्जुमंद ने माँ की पीठ सहलायी।

अब्करी बेगम आख़िर माँ थी और माँ हमेशा अपने बच्चों को लेकर फ़िक्रमंद रहती है। इसी फ़िक्र के मद्देनज़र बोली–शाही घरानों के तौरतरीक़ों से तू ठीक तरह से वाक़िफ़ नहीं है। वहाँ का रहन-सहन नाजुक तवाज़ुन पर टिका होता है। यह राज़ सिर्फ़ महल की दीवारों को ही पता रहता है कि किसी नाचीज़ के रुतबे को अर्श तक क्यों पहुँचाया गया और अमुक आदमी को बुलंदी से खींचकर जमीन पर क्यों लाया गया। जिसकी शमशीर में पानी है, जिसकी रसाई साहिबेताज तक है, उसकी ही आवाज़ में हुक्मे शाह की गूँज हुआ करती है। इसलिए तुझे सोते वक़्त भी अपनी आँखें खुली रखनी हैं। जागने और सोने में कोई फ़र्क़ मत रखना, क्योंकि दुश्मन ग़ाफ़िलों पर ही हमला करता है। ताले सिर्फ़ शरीफ़ों के लिए ही होते हैं। दुश्मनों के लिए कोई क़िला मज़बूत नहीं होता। हिस्ने हसीन का ज़िक्र सिर्फ़ अदबी किताबों में सनअतों के तौर पर मुर्तसम है। अपने बचाव के लिए सदा चौकस रहना। किसी पर बहुत भरोसा मत करना, लेकिन जिस पर भरोसा नहीं करना, उस पर यह राज़ ज़ाहिर भी नहीं होने देना। ख़ुदा तुझे और तेरे शौहर को हमेशा ख़ुश और आबाद रखे। तुम्हारी ज़िन्दगी की राह फ़सले बहार से होकर गुज़रे। तुम दोनों की लम्बी ख़ुशहाल ज़िन्दगी के लिए मैं पाक परवरदिगार से हज़ारहा दुआ माँगती हूँ। अब्करी बेगम ने आहिस्ता से बेटी का माथा चूमा और उसके सिर पर हाथ रखा। फिर आँसू पोंछते हुए कमरे से बाहर हो गयी।

बाराती और अतिथि भोजन कर चुके थे। सहेलियाँ अर्जुमंद को भोजन के लिए ले गयीं। थोड़ी ही देर में बिदाई की तैयारी शुरू हो गयी। सम्राट् ने समय निश्चित कर दिया था। वह एक प्रकार से राजाज्ञा थी। ग़ियासबेग़ और तमामतर रिश्तेदार साजोसामान की व्यवस्था में लग गये।

दुल्हन भोजन के बाद अपने क़मरे में लौट आयी। सहेलियों का चुलबुलापन

ख़त्म हो गया। वे गम्भीर हो आयीं। कुछ की आँखें नम थीं। कुछ प्रकटतः आँसू बहा रही थीं। तभी अबुल हसन पत्नी के साथ भीतर आया। सहेलियाँ बाहर चली गयीं। अर्जुमंद फफककर रो पड़ी। अबुल हसन ने उसके सिर पर हाथ रखा और सान्त्वना के स्वर में कहा—मेरी बातें मन लगाकर सुनो, बेटी। हम सब को फ़ख़्र है कि तुम्हें शाहज़ादा ख़ुर्रम जैसा बहादुर और मजबूत इरादों वाला फ़लकजनाब शौहर मिला है। आगे चलकर वारिसे तख़्तोताज के लिए घमासान मचेगा। इसके नतीज़े को लेकर हम परेशान रहेंगे। अगर इस मुबारक मौक़े पर बादशाह सलामत उन्हें अपना वली अहद ऐलान कर देते, तब हमारी एक बड़ी फ़िक्र मिट जाती। पर ऐसा न हुआ। इसके बाइस का मुझे कुछ इम्क़ान है, पर वह मैं बता नहीं सकता। अबुल हसन ने अपनी बातें साफ़-साफ़ बयान कीं।

अब्करी बेगम को कोई काम याद आ गया था। वह उठकर बाहर चली गयी। अबुल हसन को लगा कि आने वाले वक़्त के लिए अर्जुमंद को सावधान करना ज़रूरी है, ताकि बड़ी-से-बड़ी घटना उसे हिला न सके। उसने समझाइश के स्वर में कहा—यह याद रखो आरज़ू, राजमहल की सरगर्मियाँ बादशाह के ग़िर्द घूमती हैं। वहाँ अफ़वाहों का बाज़ार हमेशा गर्म रहता है। जंगल में जैसे हाँका हुआ हो और शोर मचा हो, लेकिन झील शान्त रही आती है, वैसे ही तुम्हें सारे उफानों और तूफ़ानों के बीच शान्त और शाहिद बने रहना है। वहाँ हथेली को ज़हर देने के लिए फैलाया गया है या मेहरबानियाँ बटोरने के लिए, इसका पता लगाना मुश्क़िल होता है। तुम्हें हथेली की लक़ीरें पढ़ने की आदत डालनी होगी। बेटी, क़िले को बाहर से जीतना कठिन होता है, लेकिन भीतर से तोड़ना आसान। तुम्हें अपने परिवार के चारों ओर मज़बूत दीवार खड़ी करनी होगी, समझो कि क़िले के भीतर क़िला—ताकि सब महफ़ूज़ रह सकें। अबुल हसन की आँखें नम हो आयीं थी। उसने बेटी के सिर पर हाथ फेरते हुए 'ख़ुदा हाफ़िज़' कहा और कमरे से बाहर जाने के लिए क़दम बढ़ाये। फिर रुककर कहा—हम उस मुबारक दिन का बेसब्री से इंतज़ार करेंगे, जिस दिन तुम्हारे सर पर मलिका-ए-हिन्दुस्तान का ताज मुरस्सा होगा। अबुल हसन भारी क़दमों से कमरे से बाहर आया और उस शामियाने की तरफ़ चला, जहाँ बादशाह, नौशा और क़रीबी रिश्तेदार बैठे हुए थे।

रात उतर रही थी, किन्तु प्रकाश और चहल-पहल के कारण समय का पता नहीं चल पा रहा था। बिदा की तैयारी हो गयी। बाराती जुलूस की शक़्ल में खड़े हो गये। शहनाई, नफ़ीरी, नगाड़े और ढोल बजने लगे। दुल्हन महिला रिश्तेदारों से मिलती, बिछुड़ती, रोती, कलपती डोली के पास लायी गयी। माँ, भाभी और सहेलियों ने सहारा देकर उसे सुसज्जित डोली में बिठाया और यवनिका गिरा दी—जैसे नाटक के एक दृश्य का अन्त हो गया हो और अब आगे परदा किसी दूसरे महत्वपूर्ण दृश्य के मंचन के लिए उठ पायेगा।

धूम-धड़ाके के साथ बारात वापस चली। आतिशबाज़ी का करिश्मा भी दिखाया जा रहा था। उसकी जब-तब चमकती कौंध में पालकी पर पड़ी चादर, घोड़ों की जीन और हाथियों के हौदों पर जड़े रत्न और जवाहरात सितारों की भाँति दमक उठते। सजे हुए रास्तों से गुजरती बारात को देखने के लिए लोगों ने अपने घरों के दरवाज़े और दरीचे खोल रखे थे। कुछ लोग हर्ष से पैसे भी न्योछावर कर रहे थे।

बारात जब शाही महल के परिसर में प्रविष्ट हुई, कोई अज्ञात चितेरा पूर्व दिशा के आसमानी फ़लक को अलक्तक रंग से रंजित कर रहा था। बादशाह सीधे अपने कक्ष में चला गया, जबकि दूल्हा और दुल्हन को माता जगतगुसाईं एक बड़े कक्ष में लेकर आयी। वहाँ उपस्थित रिश्तेदारों ने दोनों का स्वागत किया। दुल्हन को आराम कक्ष में भेज दिया गया। उसके साथ उसकी दासी सतीउननिसा भी थी। माँ से आज्ञा लेकर खुर्रम अपने विश्राम कक्ष में चला गया। तब तक सुबह के आठ बज चुके थे।

दोपहर को उसी सभा कक्ष में फिर महफ़िल जमी। दुलहन सुसज्जित चौकोर मनस्सा पर बीचोंबीच बिठा दी गयी। निकट ही माता जगतगुसाईं बैठी थीं। रिश्तेदार महिलाओं ने एक प्रकार से चारों तरफ़ से घेरा डाल दिया था। सभी के अपलक नेत्रों का केन्द्र थी नववधू अर्जुमंद—सुघड़ देहयष्टि, शृंगार से लकदक, निर्दोष और अम्लान चन्द्रिका-सा सौन्दर्य, सान्द्र आलोक में स्नात, रूप का प्रतिमान। दिप-दिप करती सुन्दरता ने सबकी दृष्टियों को बाँध रखा था। उसकी सहज रूपराशि को देखकर स्त्रियाँ मुग्ध थीं।

रिश्तेदार तथा मेहमान औरतों से दुल्हन का परिचय करवाया गया। संकोचशील अर्जुमंद पलकें उठाकर एक नज़र उन्हें देख लेती और अदब से सलाम करती। फिर सकुचाकर पलकें गिरा लेती। अपने व्यवहार में उसने दूसरों के प्रति पूरा सम्मान प्रदर्शित किया।

इस बीच खुर्रम की पहली पत्नी सफ़वी की साहबज़ादी ने कक्ष में प्रवेश किया। कुछ औरतें हड़बड़ाकर खड़ी हो गयीं। कुछ ने रास्ता दिया। ज्यों ही माता जगतगुसाईं ने परिचय कराया कि ये बहू बेगम रुख़साना हैं, अर्जुमंद तत्काल खड़ी हुई, नज़रें उठाईं और सम्मानपूर्वक झुककर सलाम किया। रुख़साना बेग़म ने अनमने भाव से सिर हिलाकर सलाम का जवाब दिया। फिर ज़ेवर का खूबसूरत डिब्बा नववधू के हाथों में थमाकर, सास को सिर झुकाकर चली गयी। अर्जुमंद ने उपेक्षा की आँच का अनुभव किया, किन्तु समझ गयी कि सौत का आना भला किसे अच्छा लगता है!

अचानक द्वारपालिका ने कक्ष में प्रवेश कर सबको सावधान किया और सूचित किया कि मलिका-ए-हिन्दुस्तान तशरीफ़आवरी हो रही हैं। महारानी जगतगुसाईं को छोड़कर सब स्त्रियों ने खड़े होकर उसे सम्मान दिया। उन्होंने ऐसी पुष्पांगना के रूप में प्रवेश किया, जैसे उसकी जोड़ का कोई सुमन वहाँ मौजूद न हो, किन्तु खिलती हुई अपूर्व कलिका को देखकर ठिठक गयीं। अर्जुमंद की तरफ़ नज़रें जमा कर देखा और

दूसरे ही क्षण अपने नख-शिख-संभार का आकलन कर,वस्त्राभूषणों पर सारा भार डालकर बोली—खुशामदीद, आरजू! कैसा लग रहा है।

—जी अच्छा। अर्जुमंद ने दबी जबान से कहा। वह जैसे वातावरण के भराव से अपने को मुक्त नहीं कर पा रही हो।

—आगे और भी अच्छा लगेगा। जब भी फ़ुरसत मिले और घर की याद सताये, मेरे महल में चली आना। नूरजहाँ की आवाज़ में अनुरोध का स्थान आदेश ने ले लिया था।

—जी।

साम्राज्ञी ने दासी को संकेत किया। वह दासी सोने का थाल लेकर सामने आयी, जिसमें बहुमूल्य रत्न और आभूषण थे, जो सुनहरे तारों से चित्रांकित मख़मल से ढके थे। साम्राज्ञी ने आवरण हटाया और थाल को हाथ से स्पर्श किया। यह भेंट देने का प्रतीकात्मक संकेत था। अर्जुमंद ने भेंट को सादर स्वीकार किया। साम्राज्ञी 'खुदा हाफ़िज़' कहते हुए जाने के लिए पलटी। अर्जुमंद ने लक्ष्य किया कि नूरजहाँ ने माता जगतगुसाईं की तरफ़ देखा तक नहीं, जैसे वहाँ उनका कोई वजूद ही न हो।

बाहर बड़े मैदान में दावते-वलीमा की व्यवस्था थी। दो खंडों में लाल रंग का विशाल शामियाना लगा था। एक खंड में भोजन और दूसरे में शाहज़ादे के स्वागत का इंतज़ाम था। अंगरक्षकों की गहमागहमी तथा चोबदार की उद्घोषणा के साथ सम्राट् जहाँगीर ने प्रवेश किया। चारों ओर सन्नाटा खिंच गया। सब लोगों ने खड़े होकर सम्राट् का अभिवादन किया। दो सिंहासन रखे थे। एक पर बादशाह और दूसरे पर खुर्रम आसीन हुए। सजे हुए मंच पर आसीन दोनों पर लोगों की निग़ाहें जमी हुई थीं।

शाहज़ादा अपने सिंहासन से उठा। उसने बादशाह को कोर्निश की। फिर क़ीमती रत्नजटित तलवार और चाँदी के थाल में जवाहरात की भेंट दी। जवाब में बादशाह ने भी बहुमूल्य वस्त्राभूषण और अलंकृत तलवार की भेंट देकर शाहज़ादा को आशीष दी। साथ ही उन्होंने शाहज़ादा के मनसब में वृद्धि कर उसका मान बढ़ाया। फिर सबने अपनी-अपनी हैसियत के मुताबिक शाहज़ादा को उपहार भेंट किये।

तीसरे पहर की ढलती धूप की साक्ष्य में भोज प्रारंम्भ हुआ, जो रात की शुरुआती सीढ़ियों तक चलता रहा।

वह रात उनकी पहली रात थी। दोनों की प्रथम साझा मधुयामिनी। नवोढ़ा नायिका परम्परागत नख-शिख शृंगार से अभिषिक्त थी। उसका अपरूप अतुलनीय सौन्दर्य की व्याख्या करता हुआ पर्यंक पर आरूढ़ था। द्वारस्थ चारिका की सूचना के साथ शाहज़ादा खुर्रम ने मौक़े के मुताबिक विशेष धज में कक्ष में प्रवेश किया। वह मद्धिम रोशनी में निःस्वन पदचाप रखता हुआ पर्यंक के पास पहुँचा। नववधू कालीन पर खड़ी हो गयी। लज्जा से सिर झुका था। आँखें कालीन पर बने चित्रों पर टिकी हुई थीं। आज के इस मौक़े के विषय में वह काफ़ी कुछ सोच चुकी थी और अपनी भूमिका

तय कर चुकी थी, किन्तु जैसे भँवर में फँस जाने की स्थिति में, वह अपने को अवश अनुभव कर रही थी। उसकी समझ में नहीं आ रहा था कि इस समय क्या करना या कहना उचित होगा। अंततः पारंपरिक रूप में पहल का दायित्व शाहज़ादे पर डाल कर वह मौन खड़ी थी।

शाहज़ादे ने उसके चेहरे पर भरपूर दृष्टि डाली। दिव्य रूपराशि को देखकर उसके मुख से बेसाख़्ता निकल पड़ा—मरहबा! मरहबा!! ख़य्याम या रूमी, जाने किसके ख़्वाब की दिलफ़रोज़ ताबीर हो तुम! अर्जुमंद, दुनिया की सारी खूबसूरती तुम्हारे पनाह में आ गयी लगती है। तुम्हारे बारे में खूब सुना था। देखा, तो कहीं बहुत ज़्यादा ही पाया। तुम्हारी शक़्ल में मुग़ल रनिवास को ऐसा जन्नते नज़र फूल नसीब हुआ है, जो उसकी तारीख़ में हमेशा रंगो-बू बिखेरता रहेगा।

अर्जुमंद का सिर लज्जा से झुक गया। शाहज़ादे ने उसे दोनों बाँहों से पकड़कर पलंग पर बिठाया और खुद कुछ फ़ासला रखकर बैठ गया। नवेली दुल्हन सिकुड़ी-सिमटी बैठी थी। शाहज़ादे की बातें उसके कानों में मिसरी घोल रही थीं। वह अपनी प्रशंसा पर नहीं, अपितु शाहज़ादे की रसमय अभिव्यक्ति-शैली पर मुग्ध हुई।

—वक़्त के फ़ासले पर मुझे रंज है, आरजू। आज की तारीख़ बहुत पहले आनी थी। शाही परिन्दों की हालत बड़ी हौलनाक होती है। उनके पंख तख़्त के पायों के नीचे दबे होते हैं। उनकी तमन्ना और आरजू को हमेशा नफ़े और नुक़सान के तराजू पर तौला जाता है। खुर्रम ने इस निकाह के विलम्ब के लिए पश्चाताप प्रकट किया।

—तम्मत बिलख़ैर! अर्जुमंद ने दबी जबान से कहा।

—हाँ, यही सही। आख़िरकार सब ठीक-ठाक हो गया। खुर्रम ने सहमति जताई।

—आज जिस मुक़ाम पर पहुँचकर वे हमारी तक़दीर का फ़ैसला कर रहे हैं, आपको एक दिन उसी मुक़ाम पर पहुँचना है, मेरे मालिक। मैं उस दिन के सूरज को सलाम करना चाहूँगी, जिस दिन की रोशनी में आपको वह मर्तबा हासिल होगा, जब आप मुल्क़ के सरताज होंगे। अर्जुमंद की स्वर-माधुरी झर रही थी। इस बीच उसने पलकें उठाईं और गिरा लीं।

शाहज़ादे के दिल में एक अजब सी कशिश पैदा हुई। उसने यंत्रचालित गति से अर्जुमंद की हथेलियों को अपने हाथों में ले लिया और मेंहदी की चित्रांकित रचना को जैसे पढ़ने हुए बोला—तुम्हारे शीरींसुख़न अधरों से ही यह माधुरी झर सकती है। अल्लाह से दुआ है कि वह ताज़िन्दगी मुझे इस माधुरी का जौक़े सलीम आशिक़ बनाये रखे।

—दुआ तो परवरदिग़ार से यह माँगनी है कि मेरी यह ख़्वाहिश ज़रूर पूरी करे, भले ही बदले में मुझसे चाहे जो क़ुर्बानी ले ले। ताजोतख़्त नसीब होने पर आप उन सारी ख़्वाहिशों को अंजाम दे सकेंगे, जो आपके ज़ेहन में हैं या जिन्हें आपने कभी

ख़्वाब में देखा होगा। अर्जुमंद भावुक हो चली थी।

—और ख़्वाहिशों की क्या कहूँ! एक अरमान ज़रूर है कि हिन्दुस्तान की सरजमीं को खूबसूरत इमारतों से आरास्ता कर दूँ। इस मुल्क़ की तारीख़ अजीमुश्शान तामीरों से सजी हो। यह बहुत मुश्क़िल काम है। इसके लिए तवील वक़्त चाहिए। पता नहीं, सल्तनत की इतनी लम्बी पारी हमें नसीब हो कि न हो। एक गहरी साँस के साथ शाहज़ादे ने अपनी चिन्ता प्रकट की।

—यह मायूसी आपको ज़ेब नहीं देती, शाहज़ादा हुज़ूर। इंशाअल्लाह, आपके अरमान ज़रूर पूरे होंगे। मुक़द्दस रात को रोशन करती हुई इस शमा की नूरअफ़्ज़ा किरनें यह मुबारक जुमला लिख रही हैं कि आपका यह अहम ख़्वाब ज़रूर सच होगा। मुझे पूरा यक़ीन है कि मुग़लों की तारीख़ में तामीरी फ़नकार के रूप में आपका नाम हमेशा जगमगाता रहेगा। अर्जुमंद की आँखें नम हो गयीं थीं।

उन तात्कालिक क्षणों में खुर्रम को लगा कि जैसे उस शानदार कक्ष की मणिकांचनित दीवारें 'आमीन' कह रही हैं। उसने भावोत्तेजना में अर्जुमंद को सीने से लगा लिया। थोड़ी देर में अर्जुमंद ने अपने को शाहज़ादे के मृदुल पाश से मुक्त किया। फिर बोली—इस क़नीज़ की भी एक ख़्वाहिश है।

—ख़्वाहिश को हक़ मानकर बयान करो, बेगम! खुर्रम उसकी अलंकृत मंजुल हथेलियों की कोमलता का अनुभव करने में लगा था।

अपने लिए 'बेगम' शब्द का सम्बोधन अर्जुमंद को भीतर तक सिहरा गया। शाइस्तगी से बोली—आप अच्छी तरह जानते हैं कि अब्बाहुज़ूर जहाँपनाह ने फूफीजान को कितना अहम मर्तबा अता किया है। मैं उस प्रकार की अहमियत की तलबग़ार नहीं हूँ। हाँ, इतना ज़रूर चाहती हूँ कि मुझे आपकी नज़दीकी और ख़िदमतगारी हमेशा हासिल रहे। आप चाहें सदरमुक़ाम में रहें, या सफ़र में या बियाबान में, आप मुझे हमेशा अपना हमराज़, हमसफ़र और हमपहलू बनाकर रखें। न मेरी ख़्वाहिश है कि बेगमों की सरताज बनूँ, न यह ख़्वाहिश है कि मलिका-ए-हिन्दुस्तान बनूँ, बस इतनी सी तमन्ना है कि जब आपकी जूतियों पर गर्द जमने लगे, तो उसे अपने दामन से साफ़ कर सकूँ।

फिर वह घुटनों के बल कालीन पर बैठ गयी और शाहज़ादे के पाअफ़्राज़ों पर दोनों मेंहदी भरे हाथ रख दिये। तत्क्षण खुर्रम ने उसे दोनों बाहों से पकड़कर उठाया और पर्यंक पर अपने निकट बिठाकर बोला—मुझे शर्मिंदा मत करो बेगम! तुमने आज से ही मेरे ज़ेहन में जो अहम ज़गह बना ली है, कोई दूसरी औरत, चाहे वह जन्नत की हूर ही क्यों न हो, उसके क़रीब भी नहीं आ सकती। मैं खुद भी अपने को तुमसे दूर न रख सकूँगा। मैं तो यह चाहता हूँ कि तुम हर हाल में खुश रहो। पर मेरी ज़िन्दगी में बहुत उतार-चढ़ाव आ सकते हैं—खुदा जाने नसीब में क्या लिखा है! इसलिए याद रखो, फूल हाथ में बाद में आते हैं, काँटे पहले चुभ जाते हैं। जो लोग दामन बचाकर

चलने में माहिर हैं, काँटे उन्हें भी नहीं बख़्शते।

—आप इत्मीनान रखें। आपकी संदली छाया में मुझे न धूप की आँच का एहसास होगा और न काँटों की चुभन का। मैं हर हाल में रह लूँगी। मैं सुभाव से सुखी हूँ। अर्जुमंद ने रत्नजटित हथफूलों और अँगूठियों से सजी उँगलियों को शाहज़ादे के गले से झूलती मोतियों की शुभ्र मालाओं में उलझा दिया।

खुर्रम ने रक्तपद्माभ हथेली को सीने से दबाते हुए कहा—आरजू, अब्बाहुज़ूर भले ही अपनी अनारकली को हासिल न कर पाये हों, पर मैंने तो अपनी अनारकली हासिल कर ली है। यह अल्लाह की मेहरबानी और मेरी खुशकिस्मती है। आशिक़ों और माशूक़ों के न जाने कितने क़िस्से हैं। वे आज भी लोगों के दिलोदिमाग़ को एक अजीब खुमारी में डुबो देते हैं, लेकिन शौहर और बीबी के मोहब्बत की मिसाल बहुत कम ही देखने में आती है। काश कि हम दोनों की ज़िन्दगी इस मोहब्बत की मिसाल बन सके और कोई ऐसा फ़न्नी शक़्ल इख़्तियार करके आये कि दुनिया की आँखें उसे देखकर भींगती रहें और उसके सामने बैठकर लगातार निहारते रहने की तमन्ना बनी रहे।

अर्जुमंद विह्वल हो गयी। आँसू डबडबाने लगे। दुआ के लिए हाथों को उठाकर बोली—ऐ ज़ुलमिनन खुदा, तूने अपनी बेमिसाल फ़ैयाज़ी से दुनिया को क्या-क्या नियामतें नहीं बख़्शीं हैं। ऐ ग़रीबनिवाज़, मुझ पर अपनी रहमतों का साया डाल। मुझे हिम्मत दे, बसीरत दे, ताक़त दे कि मैं एक नेक और ईमानदार बीबी के फ़र्ज़ को निभा सकूँ। अर्जुमंद ने दोनों हाथों को प्रणाम की मुद्रा में सिर से लगाया। कुछ देर रुकी, सिर उठाकर शाहज़ादे से आँखें मिलाईं और फिर सिर झुकाकर बोली—मेरे आक़ा, आप बहुत क़ाबिल हैं, होनहार हैं, जुलफुनून हैं। सनअत आपके खून में है। पर मैं वह खुसूसियत कहाँ से पैदा करूँ, जो मेरे क़द को बढ़ाकर आपके सामने खड़ा भी कर सके। मैं शाही तौरतरीक़ों से अनजान हूँ। बात करने का सलीक़ा भी मुझमें नहीं है। पता नहीं, किस तरह मैं आपकी ज़िन्दगी को बाग़े बहार में तबदील कर सकूँगी। मेरी ग़लतियों और कमियों को आप हमेशा माफ़ करेंगे-यह गुजारिश है। अर्जुमंद की आँखें डबडबा आयी थीं। उसकी गीलापन स्वर में उतर आया था।

शाहज़ादे ने एक प्रकार से प्रतिवाद करते हुए कहा—तुम बहुत भोली और मासूम हो। पर इन सब बातों को यहीं ख़त्म करो, वरना यह रात हमें कभी माफ़ नहीं करेगी। अब हम जज़्बातों की रौ में वही बातें करेंगे, जो आज जैसी रात के लिए रिवायतन मुआफ़िक़ है।

अर्जुमंद कुछ समझी, कुछ नहीं समझी। पारिजात पुष्पों की सजीली देह कंटकित हो गयी।

शाहज़ादे ने सहज ही रंगीन चँदोवे सी छत पर निग़ाह डाली। ज्योति की रंग-बिरंगी छटा बिखेरने वाला फ़ानूस इसके पहले कभी इतना निष्ठुर नहीं लगा था।

नौ

विवाह के उपरान्त भी चहल-पहल कम नहीं हुई। धूमधाम पहले जैसी बनी रही। दिन में महफ़िलों और दावतों का जोर रहता, तो रात को आतिशबाज़ी और सार्वजनिक प्रकाश-सज्जा का। जलसों में तवायफ़ों के नृत्य विशेष आकर्षण के केन्द्र होते। जनसमूह को इसमें ख़ास मज़ा आता था। लोग चाहते थे कि यह धूमधड़ाका चलता रहे, ताकि मनोविनोद का सामान लम्बे समय तक बना रहे और उनकी रूखी दिनचर्या रस और रहस से भरी रहे।

विवाह को उत्सव का जामा पहनाने के लिए कव्वालियों का आयोजन किया गया। अकबराबाद के अलावा दिल्ली, जौनपुर और अवध की राजधानी से भी कव्वाल बुलाये गये थे। उसे धार्मिक रंग देने के लिए अजमेर में ख़्वाज़ासाहब के हुज़ूर में कव्वाली पेश करनेवाले ख़ास-ख़ास गायकों और वादकों को भी बुलवाया गया था। बादशाह भी इसमें सम्मिलित हुआ। शाहज़ादा खुर्रम ने उन्हें क़ीमती तोहफ़े भेंट किये। बहूभात की रस्म पूरी की गयी। बादशाह ने नयी दुलहन को बेशक़ीमती हीरे-जवाहरात एवं सोने-चाँदी के काम वाले वस्त्र भेंट-स्वरूप भिजवाये। वह एक दुर्लभ उत्सव था। बादशाह और उसकी रानियों ने खुले दिल से उत्सव का आनन्द लिया।

अतिथियों के रूप में वज़ीर, सिपहसालार, मनसबदार तथा अन्य पदाधिकारी आये थे। वे अपनी हैसियत से कहीं ज़्यादा मूल्यवान उपहार लाये थे। वे जानते थे कि ऐसे अवसर बार-बार नहीं आते। दुर्लभ अवसरों का लाभ भी दुर्लभ तरीक़ों से उठाना चाहिए। उनकी दुनियादार समझदारी ने उन्हें रिवायतों के रास्ते पर सही क़दम डालना अच्छी तरह सिखा दिया था।

आधी रात बीतते-बीतते आयोजन समाप्ति पर आया। अंगरक्षकों के घेरे में बादशाह मलिका के साथ अपने निवास की दिशा में बढ़ा। वह राजभवन के बाहरी अलिंद तक ही पहुँचा था कि पीछे से बहुत शालीन स्वर उभरा—अब्बाहुज़ूर!!

अंगरक्षकों को आवाज़ पहचानी सी लगी। वे घेरा हटाकर किनारे हो लिये। तभी शाहज़ादा खुर्रम पास आकर खड़ा हो गया। बादशाह की प्रश्नात्मक दृष्टि उसके चेहरे पर टिक गयी। नूरजहाँ भी उसे घूर रही थी।

—बेवक़्त दख़ल के लिए माफ़ करें जहाँपनाह। एक ज़रूरी बात अर्ज़ करनी है।

—इस वक़्त? सम्राट् का संकेत रात्रि के इस मुक़ाम की ओर था।

—जी...सुना है कल आप दरबार में मेवाड़ का तज़क़िरा उठायेंगे। खुर्रम ने प्रारम्भिक हिचक के साथ अपनी बात पूरी की।

—तज़क़िरा? बल्कि फ़ैसला ही करना है। सोच की रेखाओं ने बादशाह के मस्तक-पटल को कुंचित कर दिया था।

—गुस्ताख़ी माफ़ हो, आलमपनाह। फ़ैसला कर लिया है या मशविरे के बाद

फ़ैसला करेंगे।

—तुम अपनी बात कहो। सम्राट् का निर्देश स्पष्ट था।

शाहज़ादा सहम सा गया। रुककर बोला—मेवाड़ की मुहिम के बारे कोई फ़ैसला लेने से पहले आप मेरी दरख़्वास्त सुन लेते, तो बेहतर होता।

—दरख़्वास्त और इस वक़्त? इतनी रात गये। दिन भर की तगोपा से बादशाह सलामत थक गये हैं। ख़्वाहगाह में आराम के लिए चन्द घड़ियाँ बच रही हैं। क्या इन्हें भी सियासत की देहलीज पर क़ुर्बान कर दिया जाय! मलिका की आवाज़ तुर्श थी।

बादशाह सोच में पड़ गया। नूरजहाँ ठुनकती-सी बोली—हुज़ूर थोड़ा आराम कर लेते, तो बेहतर होता। मैंने क़नीज़ को आग़ाह कर दिया है कि आलमपनाह जल्द तशरीफ़फ़र्मा हो रहे हैं। नूरजहाँ ने भाँप लिया था कि ख़ुर्रम किस दरख़्वास्त को लेकर आया था। वह ख़ुद भी इस बाबत अच्छी तरह विचार कर लेना चाहती थी और अपनी ओर से बादशाह को फ़ैसलाकुन मशविरा देना चाहती थी।

कुछ देर अनिश्चय की मुद्रा में रहने के बाद बोले—दरबार तो कल शाम को लगेगा। तुम दोपहर को मेरी बैठक में आकर मुझसे मिल सकते हो।

शाहज़ादा ने इसे हुक्म समझा। वह दो क़दम पीछे हटा, फिर उसने कोर्निश की और मुड़कर कक्ष से निकल गया। अंगरक्षक बादशाह और मलिका को लेकर ख़्वाबगाह की ओर बढ़ गये।

ख़ुर्रम तेज़ चाल से अपने महल की तरफ़ बढ़ा। क़नीज़ उसे शयनागार में ले गयी। दीवान पर बैठी अर्जुमंद उसकी प्रतीक्षा कर रही थी।

—माफ़ करना आरज़ू, कुछ देर हो गयी। ख़ुर्रम ने पत्नी की हिनारंजित हथेलियों को अपने हाथों में लेते हुए कहा।

—भला यह भी कोई बात हुई। आप मुझे शर्मिन्दा न करें। क्या किसी ख़ास मुलाक़ात ने देर करा दी! अर्जुमंद ने जिज्ञासा की।

—हाँ, एक ज़रूरी काम से अब्बाहुज़ूर से मिलना चाहता था। मिला भी, पर न मिलना जैसा हुआ।

—ऐसा भी क्या हुआ!

—मलिका-ए-आली की मेहरबानी! बीच में कहा कि आधी रात हो गयी है। इस वक़्त चर्चा मुनासिब नहीं। आलमपनाह को आराम की ज़रूरत है। शाहज़ादे ने अनमने भाव से घटना को दोहरा दिया।

-बीबी को अपनी रात पर पूरा हक़ है। कोई उसे छीनना चाहे, तो क्या बचाए भी न! अर्जुमंद ने हलकी सी चुटकी ली।

—मेरा ख़याल है, बादशाह ने उन्हें बहुत सारे हक़ूक़ दे रखे हैं। लोगों को उनसे मिलने में परेशानी हो रही है। ख़ुर्रम की पेशानी पर बल पड़ गये।

—हुज़ूर जरा एक बीबी की आँखों से देखें। जब चाँद बुलंदी से उतरने लगा हो,

जब अपने आक़ा को आराम दिलाने की ग़रज़ से कोई पहल की गयी हो, तो उसे बेजा तो नहीं कहा जा सकता! मैं भी अपने लिए ऐसा ही इख़्तियार चाहूँगी। अर्जुमंद ने मेंहदी की सुरुचिपूर्ण कत्थई चित्रावली भरी हथेलियों से ख़ुर्रम का हाथ पकड़ते हुए कहा।

—यह मजशक की बात नहीं है आरजू। यदि इसी तरह वे अपने हक़ का दायरा बढ़ाती गयीं, तो बादशाह के हक़ों का दायरा कम होता जायेगा। यह हमारे हितों के ख़िलाफ़ होगा। अग़र हमारे और बादशाह के बीच दूरी बढ़ा दी गयी, तो तख़्तनशीनी के हमारे इरादे नाकाम हो सकते हैं। आज पहली बार ख़ुर्रम ने अपनी महत्वाकांक्षा को प्रकट किया। उसे लगा कि अर्जुमंद के सामने उसे व्यक्त करने में कोई हानि नहीं है। बल्कि इस प्रसंग में उसे साथ लेकर चलना ही उपयुक्त होगा।

अर्जुमंद एकाएक गम्भीर हो आयी। उसने पति की वेदना को समझा—उसके स्वर के पीछे छिपी टीस को अपने भीतर अनुभव किया। उसे लगा, जैसे वह शाहज़ादे की अनुभूति के धरातल पर खड़ी हो गयी है और उसकी बेचैनी का वैसा ही अनुभव कर रही है, जैसे वह उसकी अपनी हो।

उसने शाहज़ादे को दीवान पर बिठाया। ख़ुद उसके पैरों के पास कालीन पर बैठती हुई बोली—फूफीजान शुरू से ही बुलंदफ़ित्रत रही हैं। बचपन में जब बच्चे राजा-रानी का खेल खेलते थे, तब वह हमेशा रानी बना करती थीं और किसी को रानी नहीं बनने देती थीं। अर्जुमंद की पक्ष्मल आँखें नूरजहाँ के अतीत के आसमान में बहुत दूर तक उड़ान भर रही थीं।

—पर मलिका तो अली कुली के साथ ख़ुश थीं। वे उस सिपहसालार को बड़े ओहदे तक ले जाने में कोई कोरकसर नहीं छोड़ना चाहती थीं। ख़ुर्रम को उस किस्से का अल्पांश ही ज्ञात था। कुछ अधिक जानने के लिए उसने जिज्ञासा की।

—नहीं। उन्होंने अपने मन को किसी तरह समझा लिया था। ज़ाहिरी तौर पर भले ही वे एक ख़ुशखुल्क़ ख़ानम का किरदार निभा रही थीं, लेकिन भीतर से जैसे कोई चीज़ थी, जो उन्हें कचोट रही थी। यह शायद उनकी ख़ुद्दारी थी। यह ख़ुद्दारी बार-बार उन्हें यह बात याद दिलाती रहती थी कि वे लोग दोयम दर्ज़े की औक़ात रखते हैं और शाही हुक्मरानों के एक इशारे पर उनकी तक़दीर का सितारा डूब सकता है। वे यही सोचती रहती थीं कि बदक़िस्मती ने उन्हें किस गिर्दाब में ढकेल दिया है और वहाँ से कब निज़ात मिलेगी! अर्जुमंद ने नूरजहाँ की मानसिक अवस्था का ख़ाका खींचा।

—तुमने मलिका की ज़िन्दगी का एक अलग ही पहलू आज उजागर किया है। यक़ीन नहीं होता कि एक ख़ानाबदोश परिवार की लड़की इतनी बलंदसीरत हो सकती है।

अर्जुमंद ने बहुत अदब से पगड़ी हाथ में ली, उसे माथे से लगाया और उसे सजे

हुए तख़्त पर आहिस्ता से रखते हुए बोली—वे जब घर आतीं, तो ऐसा लगता जैसे उनके दिल में बहुत गुबार भरा हुआ है। वे अक्सर कहतीं कि जन्नत में गुलामी करने के बजाय जहन्नुम में राज करना बेहतर है।

शाहज़ादा पलंग पर बैठ गया। अर्जुमंद पास ही कालीन पर बैठ गयी। उसने शाहज़ादे के पैरों से जूते उतारे और दामन से उन्हें पोंछकर पलंग के नीचे नियत स्थान पर रख दिये।

थोड़ी देर तक वातावरण में शान्ति छायी रही। ख़ुर्रम मन-ही-मन मूल्यांकन में लगा था। मूल्यांकन को आकार देते हुए बोला—बहुत चालाक औरत है। बचपन में मलिका बनने का सपना देखा और उस सपने को पूरा करने की उधेड़-बुन में लगी रही।

—मेरे आक़ा, आप रंज न करें। अब्बाहुज़ूर आपको बहुत चाहते हैं। वे आपको अपनी आँखों से दूर नहीं होने देंगे। बादशाह आख़िर बादशाह हैं और बेगम आख़िर बेगम। उनसे आपकी सीधी रब्त क़ायम रहेगी। आपको किसी का मोहताज़ नहीं होना पड़ेगा। अर्जुमंद ने शाहज़ादे को शान्त और स्थिरमना रखने के उद्देश्य से कहा। उसकी वाणी आशा से परिपूर्ण थी। उसके स्वर में मधुरता के साथ हृदय को शीतल करने वाली झनकार थी। इसका सीधा प्रभाव ख़ुर्रम पर पड़ा। उसकी उत्तेजना की आग पर जैसे जल पड़ गया। उसने अर्जुमंद को दोनों बाँहों से उठाकर पलंग पर बिठाया। फिर उसकी रूप-माधुरी का आँखों से स्वाद लेते हुए बोला—तुम्हारी आवाज़ कितनी दिलकश है—दिल से निकलती है और सीधे दिल तक पहुँचती है।

—रात अपने आख़िरी मुक़ाम पर है, मेरे मालिक़! अब आप आराम फ़रमाएँ। कल का क़िस्सा कल पर छोड़ें। मुझे सुबह की अज़ान के साथ बिस्तर छोड़ने की आदत है। मुझे अम्मीजान ने सूरज की पहली किरन के साथ ख़ुदा की इबादत का पाबंद बनाया है। ग़र मैं अलस्सुबह बिस्तर छोड़ दूँ, तो नाराज़ न होइयेगा।

अर्जुमंद ने अपने सुवासित प्रश्वास के हलके से झोंके से शमा की रोशनी को समेट लिया।

फ़जर की अज़ान की आवाज़ से पहले ही अर्जुमंद शय्या को छोड़ चुकी थी। नहा-धोकर तैयार हुई। दासी ने हलका-फुलका शृंगार किया। सुबह की नमाज अदा की। तब तक ख़ुर्रम भी जाग चुका था। नाश्ता सामने लगा था। दोनों आमने-सामने बैठे थे।

—आप अभी भी आज़ार दिख रहे हैं! तनिक चिन्तित मुद्रा में अर्जुमंद बोली।

—क्या कहूँ? वही फ़िक्र मुझे जकड़े हुए है। एक बार बादशाह से भेंट हो जाय, तो अपनी बात रख सकूँ। ख़ुर्रम की पेशानी पर हलके बल पड़े हुए थे। उस पर झुक आयी बालों की लट चिन्ता की रेखाओं को और गहरा-सा कर रही थीं।

—आप परेशान न हों। मुझे पूरा यक़ीन है। आज की मुलाक़ात में अब्बाहुज़ूर

आपकी राय को ज़रूर वाजिब अहमियत देंगे। 'बादशाह' के स्थान पर 'अब्बाहुज़ूर' शब्द का प्रयोग कर अर्जुमंद ने उसे याद दिलाना चाहा कि वे पिता हैं और पुत्र की भावना का ख़याल रखेंगे।

—अच्छा आरज़ू, एक बात बताओ। अपनी शादी हुए बहुत कम वक़्त हुआ है। मैं फ़ौज़ी मुहिम पर जाने का इरादा रखता हूँ। अब्बाहुज़ूर से इसी सिलसिले में ही बात करना चाहता हूँ। तुम्हें इसका कोई मलाल तो नहीं होगा। ख़ुर्रम ने उत्तर की प्रत्याशा में सिर उठकर देखा।

—अच्छा हुआ, यह सवाल आपने अभी उठा दिया। मैं फ़ौज़ी घर में पली-बढ़ी हूँ। तलवारों की खनखनाहट के बीच सोने की मेरी आदत है। बरसात हो या ख़ूँफ़िशानी, मुझे फ़र्क़ नहीं पड़ता। ये हथेलियाँ मेंहदी से रची हैं या मैदाने जंग के खून से, मुझे फ़र्क़ नहीं पड़ता। मेरा अल्लाह बहुत मेहरबान है। मुझे उसकी रहमतों पर पूरा भरोसा है। वह आपका इक़बाल हमेशा बुलंद रखेगा। उसके करम से मेरा सुहाग दाइमन क़ायम रहेगा। कामरानी के घोड़े पर चढ़ने के लिए अग़र रिकाब की जगह आप मेरी हथेलियों का इस्तेमाल करें, तो इसे मैं अपनी ख़ुशक़िस्मती ही समझूँगी। अर्जुमंद की आवाज़ में मधुरता के साथ रसानत भी थी।

ख़ुर्रम भावुक हो उठा। उसने अर्जुमंद की माणिक हथेलियों को अपने हाथों में लेकर कहा—ज़िन्दगी के हर मुक़ाम में मेरे साथ रहना, आरज़ू।

भोजन के उपरान्त दोपहर में दो बजे ख़ुर्रम बादशाह के महल में पहुँचा। नूरजहाँ भी वहाँ मौजूद थी। ख़ुर्रम ने दोनों का अभिवादन किया और आसंदी पर बैठ गया।

—अब कहो। तुम्हारा इरादा क्या है? बादशाह ने ही बातचीत में पहल की।

—सुना है, मेवाड़ के ख़िलाफ़ एक बार फिर से फ़ौज़ी कार्रवाई शुरू होने जा रही है। ख़ुर्रम ने जिज्ञासा की।

—तुमने ठीक सुना। जासूसों ने ख़बर दी है कि राजपूत मुग़लों के हाथों खोई अपनी सरजमीं को फिर से हासिल करने के मंसूबे बना रहे हैं। हमारी सारी कोशिशों को नाकाम करता हुआ मेवाड़ का मुद्दा आज भी जहाँ-का-तहाँ बना हुआ है। यही नहीं, बल्कि हमारी शान में कुछ कमी है, इस ओर इशारा भी करता रहता है। हम उनका कुछ नहीं बिगाड़ पा रहे। बादशाह थक सा गया था। अपने को सँभालने के लिए जैसे उसने कुछ वक़्त लिया। नूरजहाँ ने मदिरा का ज़ाक उसके हाथ में दिया। एक ही घूँट में सारी मदिरा हलक़ के नीचे उतार कर वह दीवान पर पसर गया और सोच में डूब गया।

—आपने तो अपनी जानिब से लगातार कोशिश की। जाँनशीनी के फ़ौरन बाद आपने शाहज़ादे परवेज़ की सरपरस्ती में मेवाड़ एक बड़ी कुमुक भेजी थी। नूरजहाँ ने बादशाह को सुकून पहुँचाने की ग़रज से उनके शौर्य का बखान करना चाहा। यद्यपि यह घटना उसके विवाह से पूर्व की थी, लेकिन उसे अतीत की विस्तृत जानकारी थी।

—लेकिन नतीज़ा क्या निकला! एक अदद नाकामयाबी!! खुसरो की बग़ावत के कारन उस मुहिम में बाधा पड़ी और परवेज़ को वापस बुलाना पड़ा। फ़ौज़ी कार्रवाई में कितना वक़्त और पैसा ज़ाया हुआ! बादशाह के स्वर में चिन्ता झलक रही थी। वह चिन्ता आँखों में जैसे निश्चलता बनकर समा गयी थी।

—आपकी फ़िक्र लाज़िमी है, लेकिन लगातार फ़िक्रमंद रहना आपकी सेहत के लिए मुनासिब नहीं है। हमारे रास्ते तो बंद नहीं हुए। हमारी फ़ौज़ तब तक लामबंद रहेगी, जब तक पूरे मेवाड़ पर हम मुग़लों का परचम फहरा नहीं देते। नूरजहाँ ने बादशाह के कंधे पर हाथ रखा, मानो वह शब्दों से ही नहीं, शारीरिक संकेतों से भी उसे सान्त्वना देना चाहती थी।

बादशाह की निराशा बनी रही। मेवाड़ की बाबत असफलता उसके दिलोदिमाग़ में बुरी तरह छायी हुई थी। उसने उस त्रासद वृतान्त को ज़ारी रखा—उसके बाद भी हम चुप नहीं बैठे, लेकिन हमारी कोई कार्रवाई कारफ़र्मा नहीं हुई। हमने भारी फ़ौज़ के साथ महाबत ख़ाँ और अब्दुल्ला ख़ाँ को भेजा। राजा बसु और फ़ीरोज़ जंग भी महाज़ में शामिल हुए। सभी नाकामायाब रहे। मुग़लों की सुनहरी तारीख़ में एक पन्ना काले हरफ़ों से भी लिखा गया है। हम उन सियाह हरफ़ों को मिटाने के लिए बेताब हैं।

—मैंने आपकी सारी बातें ध्यान से सुनीं। आपकी नाउम्मीदी से मुझे दुख पहुँचा। यह वाक़ई हम सबके लिए शर्मसार होने की बात है कि पूरे मुल्क़ को अपने क़ब्जे में रखने की ताक़त रखने वाली फ़ौज़ भी मेवाड़ को पूरी तरह पस्पा न कर सकी। इस वाक़ये की बाबत किसी तरह का सुकून ग़र मैं आपको पहुँचा सका, तो यह मेरी खुशनसीबी होगी। खुर्रम ने एक प्रकार से भूमिका बाँधते हुए अपनी बात रखनी चाही।

—साफ़ कहो, तुम क्या कहना चाहते हो। सम्राट् ने मंतव्य जानने के इरादे से कहा।

—मेरी अर्ज़ है कि मुझे भी एक मौक़ा दिया जाय। मैं मेवाड़ की ईंट से ईंट बजाकर यह बता देना चाहता हूँ कि हमारी हुकूमत को कमज़ोर न समझा जाय और इस मुल्क़ में केवल एक परचम ही लहरा सकता है और वह परचम है मुग़ल सल्तनत का। खुर्रम की आवाज़ में पर्याप्त उत्साह था।

खुर्रम का प्रस्ताव सुनकर बादशाह को हैरानी हुई। उसका मुख-मंडल मलिन हो गया था। नूरजहाँ चौंक गयी। इस अप्रत्याशित प्रस्ताव से वह उद्विग्न हो उठी। पहली प्रतिक्रिया उसने ही व्यक्त की—नहीं, शाहज़ादे, अभी वह वक़्त नहीं आया है। अपने जाँबाज सिपहसालारों की फ़ेहरिस्त में अभी कुछ नाम बाक़ी हैं। पहले उन्हें आज़मा लिया जाय।

—गुस्ताख़ी माफ़ की जाय। आपकी बात काटने की ज़ुर्रत मैं नहीं कर सकता।

लेकिन एक बार फिर गुज़ारिश करना चाहता हूँ कि मेरी पेशकश पर ग़ौर फ़रमाया जाय। मैं उन ख़ीरासर राजपूतों को अपनी ज़ोरशिकन तलवार का स्वाद चखाना चाहता हूँ। एक मौक़ा, मुझे सिर्फ़ एक मौक़ा मिले, तो मैं उनकी सरकशी और खुद्दारी को शरहा शरहा करके रेत की तरह वहाँ की सरजमीं पर बिखेर दूँ। खुर्रम के अदम्य उत्साह से उसका वक्ष कुछ स्फीत दिख रहा था।

—रुको खुर्रम, रुको। तुम्हारा जोश अपनी जगह है। पर इतनी जल्दबाज़ी भी ठीक नहीं है। बादशाह ने एक प्रकार से प्रतिरोध व्यक्त किया।

—शाहज़ादे, हम तुम्हारी जज्बातों की क़द्र करते हैं, लेकिन जज़्बातों की रौ में तो बहकर फ़ैसले नहीं किये जा सकते। नूरजहाँ ने संजीदगी से समझाते हुए कहा।

—लेकिन यह मामला बहुत पेचीदा है। इसे सुलझाने में हम जितनी देर करेंगे, यह मामला उतना ही उलझता जायेगा और कामयाबी दूर होती जायेगी। खुर्रम किसी भी तरह उन दोनों को हमराय बना लेना चाहता था।

सम्राट् सोच में डूबा हुआ था। शायद खुर्रम के प्रस्ताव पर नये सिरे से विचार कर रहा हो। उसे अनिश्चय की स्थिति में देखकर नूरजहाँ बोली—शाहज़ादे, एक और बात पर ग़ौर करना ज़रूरी है। आपका निकाह हुए अभी कितने दिन हुए हैं! अभी अर्जुमंद के हाथों की मेंहदी भी नहीं छूटी है। ऐसे में आपको ख़तरनाक मुहिम की आग में झोंक देना केवल आपके तईं ही नहीं, बल्कि उस गुलफ़ाम नवेली दुल्हन के तईं भी नाइंसाफ़ी होगी। आख़िर हम इतने बेहिस तो नहीं हो सकते!

—मैंने आरजू से इजाज़त ले ली है। उसने बखुशी 'हाँ' कर दी है। खुर्रम ने अपनी बात पर वज़न रखने के लिए अर्जुमंद की स्वीकृति का तर्क दिया।

—कोई मासूम लड़की इन हालात में और कर ही क्या सकती थी! आप सच कहें, उसकी नाखुशी क्या आपको खुश कर देती। नूरजहाँ ने नवविवाह को परिप्रेक्ष्य में रखा।

—खुर्रम, मलिका ठीक कह रही है। एक बात और है। जब तक हम पूरी तरह से मुतमईन नहीं हो जाते कि मुहिम में भाग लेने से तुम्हारी दिफ़ा को कोई ख़तरा नहीं है, तब तक हम तुम्हें जंगराह नहीं होने देंगे। बादशाह ने खुर्रम के दायें कन्धे को पकड़कर झकझोर दिया।

—मरहबा आलमपनाह! एक बाप को अपने बच्चे की ऐसी ही फ़िक्र होनी चाहिए। ऐसा तो नहीं है कि कोई शख़्स बादशाह बनकर इंसान नहीं रह जाता। अब खुर्रम, तुम्हारे लिए यही मुनासिब है कि इस वाक़ये को तुम यहीं ख़त्म कर दो। नूरजहाँ ने बादशाह कीशै को हवा दी।

पता नहीं खुर्रम ने इसे अनुरोध माना कि आदेश, पर उसने इस प्रसंग को अपनी चिन्ता में जीवित रखने का उपक्रम जारी रखा—तब फ़ौज़ का सरपरस्त कौन होगा?

—ख़ाने आज़म मिर्ज़ा अज़ीज़ कोका। बादशाह ने शायद पूर्व में यह निर्णय ले रखा था। उसे घोषित भर करने की क़सर रह गयी थी।

—अज़ीज़ कोका? खुर्रम स्तंभित हो गया। उसने उसके नाम का उच्चारण इस ढंग से किया, जिससे उसके प्रति अवमानना की गमक मालूम होती थी। अपनी तात्कालिक प्रतिक्रिया में उसने इस बात का भी ध्यान नहीं रखा कि बादशाह ने कितनी शाइस्तगी से उसका नाम लिया था। खुर्रम को मालूम तो था कि कोका बादशाह के काफ़ी क़रीब है, किन्तु उसे यह विश्वास नहीं था कि मेवाड़-अभियान के लिए उसका चयन किया जायेगा।

—इस फ़ैसले पर एतमाद रखो। वह दानिशमंद है। उसे मेवाड़ के चप्पे-चप्पे की जानकारी है। फ़ौज़ की तैनाती में वह अहम फ़ैसले ले सकता है। सम्राट् ने कोका का सकारात्मक मूल्यांकन अपने चयन की उपयुक्तता सिद्ध करने के लिए किया।

—हो सकता है कि ये बातें सही हों, पर मैं तो इतना ही जानता हूँ कि वह चालाक है। तग़ाफ़ुलकेश है। उसे हर कामयाबी का सेहरा अपने सर पर बाँधने की आदत है। वह बहुत सुस्त है—जहाँ तेज़ चलना हो, वहाँ कदम उठाने में उसे तक़लीफ़ होती है। खुर्रम अपनी नापसंदगी को छिपा नहीं पा रहा था।

—ये तुम्हारे ख़याल हैं। मैंने झुठलाना भी नहीं चाहता। पर हालात ऐसे हैं कि यह जवाबदारी इस वक़्त तुम्हें नहीं सौंप सकता। मैंने कोका का चुनाव कर लिया है और उस पर क़ायम हूँ। अब इस चर्चा को यहीं ख़त्म करो।

खुर्रम कुछ और भी कहना चाहता था, पर अन्तिम वाक्य ने 'तख़लिया' का संकेत ध्वनित किया। दो क्षण शान्त खड़ा रहा। फिर उसने सम्राट् और साम्राज्ञी को कोर्निश की और सभागृह से बाहर चला गया।

महल से लौटा, तो खुर्रम ने अर्जुमंद को कशीदाकारी में व्यस्त पाया। वह ध्याननिष्ठ होकर नये पहनावे पर बारीक कशीदा काढ़ने में लगी थी। उसकी कुशल दस्तकारी से कपड़े पर बेलबूटे जीवन्त हो उठे थे। वह उससे सटकर बैठ गया। बेलबूटों पर उँगलियाँ फेरते हुए कहा—क्या खूब! लगता है, अभी-अभी शाख से फूल और पत्तियों को तोड़कर इन रेशमी कपड़ों पर रख दिया गया हो।

—अरे आप आये और बैठ गये। मुझे उठने का मौक़ा भी न दिया। अपनी इस बेअदबी पर मैं अपने को कभी माफ़ नहीं करूँगी। अर्जुमंद ने सिर पर ओढ़नी डाली और कंधों को बेहतर ढंग से ढँक लिया।

—अब यह सब मत किया करो। तक़ल्लुफ़ से दूरियाँ बढ़ती हैं। फिर उसने अर्जुमंद की हथेलियों को अपने हाथों में लेकर कहा—खुदा ने कुछ नायाब चीज़ें बनायी हैं। इनमें ये हथेलियाँ भी शरीक़ हैं। इनसे तो खूबसूरती झरती ही है, ये जिन्हें छू देती हैं, वे चीज़ें दिलावेज़ हो उठती हैं। तभी तो देखो इन कपड़ों पर जैसे चमन का शीराज़ा बिखर आया है।

अर्जुमंद संकुचित हो गयी। पर उसने हाथ नहीं खींचे। शाहज़ादे की मज़बूत पकड़ का अनुभव उसे रोमांचित कर रहा था। खुर्रम ने कक्ष की आंतरिक सजावट को परखते हुए कहा—आरज़ू, चन्द दिनों में ही तुमने हमारे महल को आराइशों से ऐसा सजा दिया है जैसे इसे किसी नुमाइश में रखा जाना हो। यह महल हर रोज़ एक नयी खुशबू के आग़ोश में डूब जाता है। हर रोज़ इसके रखरखाव में एक नया ख़ूबसूरत अंदाज़ बयाँ होता है। हर रोज़ चादरों, झालरों और चिलमनों का रूपरंग दिलकश तरीक़े से बदला हुआ दिखाई देता है। इस महल से दूर रहता हूँ, तो जल्द लौटने की तमन्ना होती है, और जब महल में होता हूँ, तो बाहर जाने का मन नहीं करता। तुम जाने किस क़िस्म की जादूगरी में माहिर हो। आरज़ू, यह फन तुमने कहाँ से सीखा है?

—वहीं से जहाँ से आपने आलीशान और अज़ीमुश्शान इमारतों के नक़्शे बनाने का काम सीखा है!

खुर्रम उसकी हाज़िरजवाबी पर हँस पड़ा। बोला—ख़ूब! इंशाअल्लाह, ऐसा वक़्त भी आये कि पहले तुमसे भीतरी सजावट का मशविरा लूँ और फिर उसके तनासुब महल की दरो-दीवार तामीर करूँ। क्यों,ठीक कहा न!

—आज आप तय किये बैठे हैं कि आरज़ू को कैसे शर्मिंदा किया जाय। अर्जुमंद के कपोलों पर लाज की लालिमा छा गयी थी, जैसे बहुत सबेरे पूर्वी अम्बर का एक कोना लाल हो उठा हो।

—अब लो। सच कहूँ, तो कोई यक़ीन नहीं करता। वहाँ अब्बाहुज़ूर के सामने हक़ीक़त बयान की, तो उन्होंने यक़ीन नहीं किया। खुर्रम ने बादशाह के अपाच्य निर्णय की ओर हलके-फुलके अंदाज़ में संकेत किया।

—अरे हाँ, वह बात तो सुनाइये। अब्बाहुज़ूर और फूफीजान की अदालत में क्या वाक़या हुआ! अर्जुमंद ने हुमककर जिज्ञासा की।

—वहाँ क्या ख़ाक हुआ! कुछ बताने लायक़ बात हो, तब तो! तभी तो इतनी देर से वह सब भूलकर दूसरी बात कर रहा हूँ। खुर्रम ने प्रसंग के बयान में दिलचस्पी नहीं दिखाई।

—फिर भी! कुछ तो हुआ होगा। वही बताएँ। अर्जुमंद ने जोर दिया।

—मैंने मेवाड़ का सर कुचलने के लिए अपनी पेशक़दमी की बात की, तो इस बात को वे पचा न सके। बोले, अभी मुनासिब वक़्त नहीं है। अज़ीज़ कोका को भेज देते हैं। अब वह कम्बख़्त कोका वहाँ क्या कर लेगा! सिवाय इसके कि हमारी बहादुर फ़ौज़ का एक बड़ा हिस्सा ग़ारत करवा देगा। जहाँगीरनामा के एक सफ़े पर हमारी शिकस्त की कहानी लिखी जायेगी! मुग़लों के ताज से एक पुरनूर रतन जमीं पर आ गिरेगा! खुर्रम की उद्विग्नता बढ़ गयी।

—आप परेशान न हों। यह बादशाह के हक़ की बात है। वे चाहे जो फ़ैसला लें। आख़िर उन्होंने भी कुछ सोच-समझकर ही तो यह फ़ैसला किया होगा। अर्जुमंद

ने कशीदाकारी की सामग्री एक तरफ़ रख दी। वह खड़ी हुई और उसने सान्त्वना के इरादे से अपने हाथ शाहज़ादे के कन्धों पर रख दिये।

—तुम्हारी फूफीजान को मुल्क़ की शान के बजाय तुम्हारे सुख-चैन का कुछ ज़्यादा ही ख़याल रहा। वहाँ हल्दीघाटी की चर्चा हो रही थी, और उन्हें तुम्हारे हाथों में मेंहदी दिखाई दे रही थी।

—भला उन्हें और क्या-क्या चीज़ें नज़र आ रही थीं? अर्जुमंद ने सिर उठाया और शाहज़ादे पर तिर्यक दृष्टि डाली।

खुर्रम की ज़बान तो जवाब देना चाहती थी, किन्तु आँखें उन अपांगों में उलझकर रह गयीं। वह उस नवोढ़ा की ऐन्द्रजालिक मादक भंगिमा में विभ्रमित होकर रह गया। उसका मन-मीन रूप के सरोवर में उतरने को व्याकुल था। कभी-कभी ऐसी घड़ी भी आ जाती है, जब यह निर्णय करना कठिन हो जाता है कि डूबना चाहिए कि निकलना चाहिए।

अर्जुमंद उसके भीतर की कशाकश को भाँप गयी। उसने अपनी गुलाबी हथेलियाँ उसके सीने पर रख दीं और उनके बीच अपना सिर टिकाते हुए बोली—मैं सब समझती हूँ। आप शाहज़ादे हैं। मुल्क की हिफ़ाज़त, उसकी नश्वोनमा और बेहतरी के लिए आपकी यह सोच अपनी जगह जायज़ है। यहाँ मैं आपसे पूरा इत्तिफ़ाक़ रखती हूँ। पर फूफीजान ने जो राय ज़ाहिर की है, वह भी क़ाबिले-ग़ौर है। एक औरत के नाते जज़्बातों की हिलोर में बहकर अग़र वे कहती हैं कि शादी का नया जोड़ा इतनी जल्दी जुनूँ के हिंडोले से न उतरे, तो वह इतना ग़लत भी नहीं है!

खुर्रम ने अर्जुमंद को खींचकर दीवान पर अपनी बग़ल में बिठा लिया और बोला—अब फ़ैसला तो हो चुका। अब फ़िलहाल करने को कुछ रहा भी नहीं। बादशाह ने बहुतों को आज़माया। कोका को और आज़मा लें। खुदा ख़ैर करे। ग़र फ़तह हासिल होती है, तो हमें बहुत खुशी होगी।

—वह खुशी जब आये, तब आये। अभी तो एक खुशी मेरे नसीब में आ ही गयी है। वह खुशी है आपकी क़ुर्बत और आपकी ख़िदमत। यह कहते हुए अर्जुमंद ने अपना सिर शाहज़ादे के सीने पर टिका दिया।

दस

राजमहल आज उल्लास के वातावरण में झूम रहा था। बेगम अर्जुमंद के दामन में उसके दाम्पत्य-जीवन के बसन्त का पहला फूल खिला था। रनिवास में बहुत दिनों बाद ऐसा सुखद प्रसंग आया था। सम्राट् और मलिका ने ख़ुर्रम और अर्जुमंद को बहुमूल्य उपहार दिये। मलिका ने नवप्रसूत बालिका को नवरत्नों की माला भेंट दी। बादशाह

ने उसका नाम हुरुलनिसा रखा।

बालिका को लेकर रनिवास की ख़ुशी ज़्यादा दिनों तक नहीं चल सकी। एक दिन अचानक उसकी तबीयत ख़राब हो गयी और लाख कोशिशों के बाद भी उसे बचाया नहीं जा सका। ख़ुर्रम और अर्जुमंद बेगम के लिए यह वज्रपात था, जिसे उन्होंने बहुत कठिनाई से झेला। सहज होने में उन्हें कुछ समय लगा।

अब उसे फिर मेवाड़ की चिन्ता सताने लगी। आख़िर वही हुआ, जो उसने सोचा था। एक और असफलता! मुग़ल की तारीख़ में एक और कलंक! पराजय का समाचार सुनकर ख़ुर्रम बादशाह के पास आया और बोला—मैंने पहले ही उसकी सरपरस्ती की क़ाबिलियत पर शक ज़ाहिर किया था। उसमें बहुत सी ख़ामियाँ हैं। और उन ख़ामियों का नतीज़ा यह शिकस्त है।

—अब कहीं जाकर मुझे यह एहसास हुआ है। बादशाह ने पश्चाताप व्यक्त किया।

—पर उस वक़्त आपको फ़ौज़ी मुहिम पर भेजना मुनासिब नहीं था। हमें आपकी ज़ाती ज़िन्दगी का ख़याल भी तो रखना पड़ेगा। एक लड़की दुलहन बनकर ससुराल में क़दम रखती है, तो उसकी जज़्बातों की क़द्र करनी पड़ती है। नूरजहाँ अभी भी अपने निर्णय को सच क़रार देने पर तुली थी।

—शुक्रगुज़ार हूँ आपका, जो हमारे सुख-दुख के बारे में इतना सोचती हैं। लेकिन हमें ख़याल रखना चाहिए कि मुल्क में हमारी हुकूमत है। हमारी हरशै का तारीख़ में बयान होता है। हम तारीख़ से नज़र नहीं चुरा सकते। हमारी हर हार और हर जीत के मायने होते हैं। उसका जायज़ा लिया जाता है। इस पराजय को लेकर ख़ुर्रम बहुत संवेदनशील हो चला था।

—ऐसा क्या बड़ा फ़र्क़ पड़ गया? हम उसी जगह हैं। नूरजहाँ ने बचाव किया।

—ऐसा नहीं है। इसका गहरा असर सियासत पर पड़ सकता है। दूसरे सरकशों के हौसले बुलंद हो जायेंगे। बाहरी ताक़तें मरक़ज़ी हुकूमत को कमज़ोर समझकर अपना दाँव बिठाने की कोशिश करने लगेंगी। खुद हमारे सिपाही और सिपहसालार हमारी क़ुव्वत पर शक़ करने लगेंगे, जिससे फ़ौज़ में बिखराव आ सकता है। और सबसे बड़ी बात तो यह है कि हिम्मत बनाये रखने वाला हमारा जो ज़ेहनी जज़्बा है, वह शिक़स्ता हो सकता है। तब हम और कितनी देर तक सल्तनत की बुनियाद को हिलने से बचाये रख सकते हैं। ख़ुर्रम आवेश में था। शासन और प्रबन्ध के विरुद्ध कलंक की बात वह कदापि नहीं सुन सकता था। उसने क्रमशः सम्राट् और साम्राज्ञी से आँखें मिलाईं, फिर सिर घुमा लिया, जैसे उसे अब देखने के लिए कुछ भी बाक़ी नहीं रहा।

बादशाह ख़ुर्रम के पास आया। उसने उसकी पीठ पर हाथ रखकर कहा—तुम्हारी बेताबी लाज़िमी है। जाँनशीं शाहज़ादों को ऐसा गुस्सा ज़ेब देता है। लेकिन बेटा,

सल्तनत की ज़िन्दगी में इस तरह के उतार-चढ़ाव तो आते रहते हैं। वे सच्चे रहनुमा हैं। उनसे सबक लेना चाहिए। जहाँगीर ने खुर्रम के उद्वेग पर पानी डालते हुए कहा।

—आपका कहना ठीक है। मैं आपकी हिदायत को हमेशा याद रखूँगा। मैं नाउम्मीद भी नहीं हूँ। पर मैं इस बात का क़ायल हूँ कि किसी जवाबदेह काम के लिए सही आदमी का चुनाव होना बहुत ज़रूरी होता है। सम्पूर्ण प्रकरण में खुर्रम ने शुरू से ही अपनी अलग राय और बेहमगी बनाये रखी थी।

—तुम्हारे ख़याल में वज़न है। पर मैंने अज़ीज़ कोका का इंतिख़ाब काफ़ी सोच-समझकर किया था। मेवाड़ की बाबत उसका तजुर्बा अहम है। इस लड़ाई से उसकी समझ-बूझ बढ़ी है। उसे मेवाड़ के चप्पे-चप्पे की जानकारी है। वह राजपूतों की ताक़त को भी तौल चुका है। उनकी फ़ौज़ की तैनाती के बारे में उसे खुफ़िया जानकारी हासिल है। बादशाह कोका की विशेषताओं को लगातार गिनाता जा रहा था।

—यदि सब कुछ ऐसा है, तो वह जीत क्यों नहीं गया! खुर्रम की आवाज़ में व्यंग्य था। वह जानता था कि प्रशासन के सर्वोच्च अधिकारी अपने निर्णयों पर अटल होते हैं, उन्हें सर्वोपरि मानते हैं और सदैव उन्हें सही साबित करने की कोशिश करते हैं।

—उसकी तलवार पैनी नहीं थी। राजपूत तलवार के धनी हैं। वह उनसे उन्नीस साबित हुआ। पर एक बार फिर उसका इस्तेमाल होगा, मगर उसे दूसरे सफ़ पर रखकर। जहाँगीर की बातों से साफ लग रहा था कि कोका पर अभी भी उसका विश्वास क़ायम है।

—फिर आप फ़ौजी कमान किसके हाथ में रखना चाहेंगे? नूरजहाँ ने जिज्ञासा की।

बादशाह सोच में डूब गया। वह निर्णय के लिए कुछ वक़्त चाहता दिखा। नूरजहाँ को लगा कि बादशाह किसी निर्णय पर पहुँचे, इसके पहले अपनी ओर से कोई प्रस्ताव रखना बेहतर होगा। एक बार निर्णय हो जाने के बाद फिर उस पर पुनर्विचार कराना कठिन होता है। एक हलकी सी झिझक के बाद उसने कहा—शाहज़ादा शहरयार कैसे रहेंगे!

—क्या? बादशाह और खुर्रम दोनों के मुखों से बेसाख़्ता निकला।

—मेरा मतलब है किसी शाहज़ादे के हाथों में मुहिम की कमान तो देनी ही होगी न! शाहज़ादा शहरयार हर मामले में क़ाबिल हैं। आप एक दफ़े उन पर अपना भरोसा आजमा कर तो देखें। नूरजहाँ एक प्रकार से उसकी सिफ़ारिश कर रही थी।

बादशाह चुप रहा। खुर्रम ने तत्काल प्रतिक्रिया प्रकट करना आवश्यक समझते हुए कहा—यह ठीक नहीं है। यह बिल्कुल ठीक नहीं है। शहरयार के पास न तो फ़ौजी कार्रवाई का कोई तजुर्बा है और न माद्दा ही।

नूरजहाँ को पहले से मालूम था कि शहरयार को आगे लाने की कोई भी कोशिश खुर्रम के लिए नाग़वार होगी। अपने पक्ष को मज़बूती से पकड़ कर उसने कहा—देखिये शाहज़ादे, यह आपका नज़रिया है। कोई ज़रूरी नहीं कि हम इससे इत्तिफ़ाक रखें। उसने जानबूझकर 'हम' शब्द का प्रयोग किया, ताकि अपने कथन की परिधि में बादशाह को भी शामिल कर सके।

इसके पहले कि खुर्रम कुछ जवाब दे, वह फिर बोली—अवसर अपने पैरों पर चलकर नहीं आते, उन्हें खोजना या बनाना पड़ता है। यदि आपको शाहज़ादा शहरयार की क़ाबिलियत पर शक है, तो उस शक को दूर कराने के लिए उन्हें एक मौक़ा ज़रूर देना चाहिए। इंसाफ़ का यही तक़ाज़ा है। अब अवसर आ गया है कि मेवाड़ के मुहिम की कमान उसके हाथ में दीजिये—उसकी क़ाबिलियत की परख हो जायेगी।

—पर यह क़दम कितना महँगा पड़ सकता है। अज़ीज़ कोका की लियाक़त पर जहाँपनाह ने भरोसा किया। उसकी सरपरस्ती कोई रंग न ला सकी, तो शहरयार किस मर्ज़ की दवा है। खुर्रम अपने विरोध में तीव्रता लाता जा रहा था। उसे लग रहा था कि अग़र मलिका मौक़े की नजाकत का लाभ उठाना चाहती हैं, तो उसे तत्काल कुंठित करना उचित होगा।

—जंग का नतीज़ा तो हमेशा ग़ैरमुअय्यन होता है, शाहज़ादे! नाकामयाबी के लिए कई बातें जिम्मेदार होती हैं। किसी एक को बदनाम करना मुनासिब नहीं होगा। नयी-नयी तरक़ीबें इसीलिए खोजी जाती हैं। यदि अज़ीज़ कोका फ़तहयाब नहीं हुए, तो शहरयार को मौक़ा दिया जाय। यदि किसी सबब से उसकी रहनुमाई भी कारगर नहीं हुई, तो कोई और उपाय ढूँढा जा सकता है। नूरजहाँ हर हालत में शहरयार के सिर पर सेनाध्यक्ष का ताज देखना चाहती थी। उसने उसका इंतिख़ाब अपने दामाद के रूप में करने का इरादा बना लिया था। इस इरादे को उसने अभी बादशाह और ख़ुर्रम तक सीमित रखा था। अपने होने वाले दामाद का मर्तबा उठाने के इस अवसर को वह हाथ से नहीं खोना चाहती थी। उसकी योजना थी कि यदि सम्राट् आक्रमण का नेतृत्व उसे सौंप देते हैं, तो वह पूरी शाही सेना इस जंग में झौंक देगी, ताकि शहरयार को विजयश्री प्राप्त हो सके राजकुमारों के बीच उसका मान बढ़ सके तथा अमीरों, मनसबदारों और दीगर ओहदेदारों का उस पर विश्वास जम सके।

नूरजहाँ ने शहरयार के लिए जो चाल सोची थी, खुर्रम ने अपने लिए भी यही चाल सोच रखी थी। अन्तर यह था कि खुर्रम को अपना रास्ता खुद तैयार करना था, जबकि शहरयार के लिए मलिका खुद पहल कर रही थी। खुर्रम को केवल बादशाह पर भरोसा था, किन्तु जैसी परिस्थितियाँ थीं—उनमें वे शायद ही मलिका का विरोध कर पाते।

खुर्रम के मन में यह महत्वाकांक्षा बहुत दिनों से वृक्षाकार लहरा रही थी। वह हर उस आँधी को रोकना चाहता था, जो उसकी जड़ पर प्रहार करे। सुतराम् उसने